AF453235

LES GRANDS ÉDUCATEURS

—→←—

Condorcet

et

l'Éducation Démocratique

PAUL DELAPLANE

ÉDITEUR

Condorcet

et

l'Éducation Démocratique

LES GRANDS ÉDUCATEURS

Viennent de paraître :

J.-J. Rousseau *et l'Éducation de la nature*, par GABRIEL COMPAYRÉ, Correspondant de l'Institut, Recteur de l'Académie de Lyon. 1 vol. in-18 raisin, broché......... » 90

Herbert Spencer *et l'Éducation scientifique*, par GABRIEL COMPAYRÉ. 1 vol. in-18 raisin, broché..... .... » 90

Pestalozzi *et l'Éducation élémentaire*, par GABRIEL COMPAYRÉ. 1 vol. in-18 raisin, broché............. » 90

Jean Macé *et l'Instruction obligatoire*, par GABRIEL COMPAYRÉ. 1 vol. in-18 raisin, broché............. » 90

Condorcet *et l'Éducation démocratique*, par FRANCISQUE VIAL, professeur au Lycée Lakanal et à l'École normale supérieure d'enseignement primaire, docteur ès lettres. 1 vol. in-18 raisin, broché............................. » 90

Pour paraître prochainement :

Herbart, par GABRIEL COMPAYRÉ. 1 vol. in-18 raisin, broché........... .... » 90

Félix Pécaut, par GABRIEL COMPAYRÉ. 1 vol. in-18 raisin, broché........... .... » 90

Rollin, par G. FERTÉ, agrégé des lettres, proviseur du Lycée d'Amiens. 1 vol. in-18 raisin, broché......... » 90

(D'autres volumes sont en préparation.)

6623-02. — Corbeil. Imp. Ed. CRÉTÉ.

LES GRANDS ÉDUCATEURS

Condorcet

et

l'Éducation Démocratique

PAR

FRANCISQUE VIAL

PROFESSEUR AU LYCÉE LAKANAL
ET A L'ÉCOLE NORMALE SUPÉRIEURE D'ENSEIGNEMENT PRIMAIRE
DOCTEUR ÈS LETTRES

PARIS

LIBRAIRIE PAUL DELAPLANE

18, RUE MONSIEUR-LE-PRINCE, 18

AVANT-PROPOS

« En publiant cette série de monographies consacrées aux « Grands éducateurs » de tous les temps et de toutes les nations, le but que nous poursuivons est multiple.

« Il s'agit d'abord de faire revivre, dans leur physionomie morale, dans leur pensée et dans leur action, dans leurs théories comme dans leurs méthodes, tous ceux qui, avec quelque éclat, ont contribué à réformer, à faire avancer l'instruction et l'éducation de l'humanité, et qui méritent de prendre place dans le livre d'or de l'histoire de la pédagogie.

« Mais, après avoir mis en relief chacune de ces figures héroïques, il s'agit aussi de rattacher à leur individualité propre les tendances générales de l'époque où ont vécu ces réformateurs, les institutions scolaires de leur pays et comme le génie de leur race, afin de montrer, dans une suite de tableaux, les efforts et les progrès des peuples civilisés.

« Enfin, ce n'est pas seulement l'histoire que nous voudrions raconter. Notre ambition est plus haute : elle consisterait à confronter avec les pensées d'autrefois les opinions d'aujourd'hui, les besoins et les aspirations de la société moderne, et à préparer ainsi la solution des problèmes pédagogiques qui se posent devant le vingtième siècle. »

Ce programme, que M. Gabriel Compayré traçait en inaugurant la collection des « Grands éducateurs », nous

nous sommes efforcé de le remplir dans cette étude sur Condorcet.

Nul ne s'étonnera de trouver Condorcet inscrit au nombre des grands éducateurs. Sa place y était marquée. Sans doute, il n'a pas formé « d'élèves ». Il n'a pas su l'art de « manier les âmes ». Mais, de l'avis unanime, que ce soit pour l'en blâmer ou l'en louer, il a été le véritable organisateur de l'instruction publique en France. Si le fameux « Rapport » qu'il a lu à la tribune de l'Assemblée législative, n'a été ni discuté, ni appliqué, il a du moins exercé une influence décisive sur les projets élaborés et votés par la Convention. Les décrets du 29 frimaire an II, du 27 brumaire an III, la loi du 3 brumaire an IV, qui ont jeté les bases de notre système actuel d'instruction publique, furent en grande partie inspirés à Bouquier, à Lakanal et à Daunou par le Rapport de Condorcet.

Ce n'est pas tout. Les créations scolaires de la Monarchie de Juillet et surtout celles de la troisième République sont issues directement, elles aussi, de ce même « Rapport ». Il n'est presque aucune de nos institutions actuelles d'instruction, qu'il s'agisse d'écoles primaires, d'écoles primaires supérieures, d'universités, d'œuvres postscolaires, qui n'ait été prévue et réclamée par Condorcet.

Mais Condorcet a été plus encore que l'organisateur de notre système d'instruction publique. Sa vraie gloire, c'est d'avoir été le grand théoricien de l'éducation démocratique. Nul plus que lui n'a contribué à en déterminer les principes et les fins. Sur toutes les graves questions qu'elle implique, liberté d'enseignement, droit de l'État sur l'enseignement, gratuité de l'instruction, choix des maîtres, etc., on peut dire qu'il a fixé la doctrine. Doctrine féconde et dont les conséquences ne sont pas près d'être épuisées. Quand bien même l'éducation démocratique devrait un jour, pour se réaliser complètement dans notre société, se détacher des formes scolaires auxquelles la liait Condorcet et auxquelles nous la lions encore aujourd'hui, Condorcet n'en resterait pas moins le vrai promoteur de toutes les mesures qui pourraient être prises, de toutes les fondations qui pourraient être faites pour l'éducation de la démocratie.

Comme il arrive fréquemment aux initiateurs, Condorcet a été plus admiré ou décrié que vraiment connu. Ses idées ont été souvent défigurées par ses panégyristes comme par ses adversaires. Cependant, l'heure est enfin venue d'un jugement plus équitable; quelques-uns des critiques les plus autorisés de notre temps, après une étude consciencieuse et impartiale de ses écrits, ont remis Condorcet à sa vraie place, qui est parmi les premiers. Nous serions heureux d'avoir contribué, si peu que ce fût, à faire mieux connaître et apprécier un des esprits les plus libres et les plus féconds de la fin du dix-huitième siècle, un des hommes qui ont le plus et le mieux servi la cause de l'éducation démocratique.

CONDORCET

I

Pas plus que Montaigne, que Rousseau, que
H. Spencer, que tant d'autres grands éducateurs,
Condorcet ne fut un « professionnel » de l'éducation. Son bagage de professeur est mince ; il consiste en deux *Discours* — nous dirions aujourd'hui
Conférences — sur les *Mathématiques, l'Astronomie et le calcul des probabilités*, prononcés,
devant un auditoire mondain, au « Lycée » (1). On
peut dire que Condorcet n'a aucune expérience
personnelle de l'enseignement.

A défaut de compétence professionnelle, possé-
dait-il au moins cette sympathie pour l'âme enfan-
tine, cette curiosité attentive des choses de l'esprit et du cœur, ce goût de l'observation psychologique, cet esprit de finesse enfin, sans lesquels,
semble-t-il, il ne saurait y avoir d'éducateur? Pas
davantage. Admirablement doué pour les sciences,
cultivant avec passion les mathématiques, y mar-

(1) C'était une sorte de collège libre, fondé en 1781, sous le nom
d'*Athénée royal*, par Pilâtre de Rosiers. Des savants et des
hommes de lettres y venaient faire des cours, la Harpe y professa
son célèbre Cours de littérature. L'enseignement du lycée con-
tribua beaucoup à répandre dans la bonne société le goût des
sciences et des lettres.

quant une si extraordinaire précocité qu'il fut, à vingt-six ans, élu membre de l'Académie des sciences, ce « scientifique » vécut dans le monde irréel des abstractions, des déductions rigoureuses, des raisonnements *à priori*. Il n'a jamais su voir, encore moins observer la vie; il a, pourrait-on presque dire, ignoré l'homme, et plus encore l'enfant. Sa pédagogie s'est gravement ressentie de ce tour d'esprit, fâcheux pour qui se propose de « former des âmes ».

Ce ne sont donc pas des préoccupations professionnelles, ce n'est pas une « vocation », qui ont conduit Condorcet à la pédagogie. Chose plus surprenante, ce grand théoricien de l'éducation, dont les idées devaient s'imposer aux pédagogues et aux hommes politiques du XIXe siècle, a été lui-même réfractaire à l'influence, généralement si décisive, de l'éducation. Jean-Antoine Caritat de Condorcet, né en 1743, appartenait à une famille de bonne noblesse. Son père était capitaine de cavalerie, son oncle évêque. Il avait des liens de parenté avec le cardinal de Bernis, archevêque de Vienne. Sa mère, femme d'une dévotion superstitieuse, l'avait voué dès sa naissance à la Vierge et ne l'habillait que de blanc. Lorsqu'il fut en âge de commencer ses études, c'est aux jésuites du collège de Reims qu'elle le confia. En somme, le jeune Condorcet grandit dans un milieu militaire et ecclésiastique. Quel fut cependant le fruit d'un concours de circonstances si particulières? Arago nous le dit : « En matière politique, le détachement le plus complet de toute prérogative héréditaire; en matière religieuse, le scepticisme poussé jusqu'à ses dernières limites. » C'est pourtant ce même Condorcet qui a cru d'une foi inébranlable à la toute-puissance de l'éducation et qui a fait de cette foi, non seulement le fondement de ses idées pédagogiques, mais encore l'assise première de tout son système politique. Il faut, en vérité, qu'il n'ait jamais tourné ses regards sur lui-même pour que son propre exemple n'ait point amorti l'ardeur de sa conviction. Un sceptique en pédagogie, voilà ce que, selon toute vraisemblance, devait faire de lui son expérience de l'éducation.

Comment donc Condorcet fut-il amené à s'occuper d'éducation ? Tout simplement par le mouvement logique et abstrait de sa pensée philosophique. A mesure que se formaient dans son esprit et y déroulaient leurs conséquences ses théories économiques, politiques et philosophiques, il s'aperçut qu'elles entraînaient avec elles la réorganisation ou pour mieux dire la création d'un système complet d'instruction. Les idées pédagogiques de Condorcet ne sont en somme qu'un prolongement, un corollaire de sa philosophie générale. Il a noté lui-même cette filiation : « Mes idées sur l'instruction publique, écrit-il dans la *Conclusion* de son *Cinquième Mémoire*, sont le produit d'une longue suite de réflexions, d'observations constantes sur la marche de l'esprit humain dans les sciences et dans la philosophie. » Nous ne donnerions donc de la pédagogie de Condorcet qu'une vue incomplète et même peu intelligible, si nous ne la faisions précéder d'un exposé, aussi bref que possible, du système général de ses idées.

On a souvent appelé Condorcet « le produit supérieur de la civilisation du xviiie siècle ». Cette formule — après tout moins injurieuse qu'elle ne voudrait l'être — n'est ni tout à fait fausse, ni cependant équitable. Oui, certes, Condorcet est bien le disciple de Voltaire et de Rousseau, l'ami d'Helvétius, le protégé de Turgot, l'héritier des doctrines et de l'esprit de l'*Encyclopédie*. Mais il est autre chose qu'un « bon élève ». Il a pensé par lui-même. Il a continué les « philosophes » du xviiie siècle, et, sur bien des points, modifié, précisé, surtout complété leurs idées. Une étude plus attentive et plus désintéressée de son œuvre a aujourd'hui révisé le jugement sommaire que nous citions tout à l'heure. M. Liard écrit que « c'est un malheur irréparable que le plan d'enseignement supérieur de Condorcet n'ait pas été appliqué ». Pour M. Henry Michel, « la pensée de Condorcet est vraiment la source de toute économie sociale et de toute politique moderne avouable à la conscience ».

À peine ses études terminées et tout en se livrant avec ardeur aux mathématiques, Condorcet fut initié par Turgot aux questions économiques. D'Alembert l'entraîna aux réunions philosophiques et littéraires qui se tenaient dans le salon de Mlle de Lespinasse. À cette époque, aussi, il correspondit avec Voltaire, et c'est lui qui, par ses vives instances, décida le patriarche de Ferney à prendre en main la réhabilitation du chevalier de la Barre. Dès 1776, il était prêt pour la propagande philosophique, économique et politique, et il se jetait avec ardeur dans la lutte contre les abus de l'ancien régime. Les nombreux écrits qui partent alors de sa plume, *Fragments sur la liberté de la presse, Réflexions sur l'esclavage des nègres, de l'Influence de la Révolution d'Amérique, Idées sur le despotisme*, etc., etc., témoignent de l'activité et de l'étendue de son intelligence philosophique. Jusqu'en 1789, ses idées sont à peu près celles de Voltaire, de Rousseau, surtout de Turgot. Mais la Révolution éclate. Une ère nouvelle s'ouvre brusquement. Ce qu'on avait cru un rêve devient ou va devenir une réalité. Condorcet, membre de la Commune de Paris en septembre 1789, élu député par Paris à l'Assemblée législative, puis par cinq départements à la Convention, joue un rôle actif dans le grand drame politique qui se déroule. Sous l'ardente lumière que projettent sur elles les événements, ses idées se colorent, se précisent, s'épanouissent, prennent corps et vie. L'idéal d'une société rationnelle et juste, fondée sur l'égalité des citoyens, s'empare de son esprit. L'élan est donné à sa pensée. Toutes ses méditations auront désormais pour objet de trouver, tous ses actes pour but de faire adopter les moyens les plus propres à constituer cette société nouvelle.

La pièce maîtresse de la philosophie sociale de Condorcet, c'est l'idée de l'homme général, ou, pour parler sa langue, de l'homme considéré seulement en tant « qu'être sensible, capable de former des raisonnements et d'acquérir des idées morales ». Sous les singularités et les accidents de leur structure physique, de leurs coutumes, de leurs idées, de leurs mœurs, de leur histoire, tous les hommes, dans le fond de leur nature mentale et morale, sont identiques. En chacun d'eux gît « l'humanité », ou, comme dit Taine, « l'homme abstrait », « l'homme *à priori* ». Or, selon Condorcet, « de cette seule vérité se déduisent les véritables droits de l'homme », « droits antérieurs aux institutions sociales », et qui, loin d'être fondés par elles, au contraire les fondent. Ces droits, qui dérivent de la « nature même de l'homme », et qui méritent donc le nom de « droits naturels », se résument dans la liberté ou droit de s'appartenir, et l'égalité.

« Le maintien de ces droits » est « l'objet unique de la réunion des hommes en sociétés politiques », et « l'art social » — entendez la politique — ne consiste qu'à « garantir la conservation de ces droits avec la plus entière égalité comme dans la plus grande étendue ». La souveraineté du peuple, parce qu'elle est la seule forme de souveraineté qui assure le maintien de l'égalité naturelle, devient ainsi « la première règle de l'art social ». Elle s'exprime par la majorité des suffrages. Chaque citoyen se lie d'avance au vœu de la majorité ; mais « il ne peut être engagé, même envers cette majorité, qu'autant qu'elle ne blessera pas ses droits individuels, après les avoir reconnus ».

Tout cela n'est encore que la doctrine du *Contrat social* de Rousseau. Mais Condorcet va plus loin. Il ne lui suffit pas que l'État respecte les droits que l'homme tient de la nature ; l'État doit encore, d'après lui, assurer à chaque citoyen, d'une façon positive, la jouissance de ces droits. Il doit intervenir efficacement et poursuivre la suppression des inégalités. Certes, Condorcet ne prétend pas faire disparaître les inégalités naturelles ; il sait qu'elles « ont des causes nécessaires qu'il serait absurde et dangereux de vouloir détruire ». Mais il est des inégalités qui, tout artificielles, sont le fait de l'organisation sociale ou plutôt de la réunion même des hommes en société ; et ce sont celles-là que l'État a le devoir de poursuivre et de détruire. Elles peuvent se ranger en trois catégories principales : « l'inégalité de richesse, l'inégalité d'état entre celui dont les moyens de subsistance assurés pour lui-même se transmettent à sa famille, et celui pour qui ces moyens sont dépendants de la durée de sa vie, ou plutôt de la partie de sa vie où il est capable de travail (en d'autres termes, plus clairs et plus courts, l'inégalité de profession), enfin l'inégalité d'instruction. » Comment faire disparaître ces trois sortes d'inégalités ? L'État atténuera la première, l'inégalité des fortunes, en abolissant les lois qui favorisent « la richesse acquise ». Il combattra la seconde, l'inégalité économique, par la création d'un système d'assurances pour les vieillards, les veuves, les enfants. Enfin, il détruira l'inégalité d'instruction en organisant un enseignement public, librement ouvert à tous, qui, en même temps qu'il assurera le règne de la vraie égalité, perfectionnera indéfiniment l'esprit humain. Ainsi, on le voit, la pédagogie de Condorcet tient à tout un ensemble d'idées dont elle est étroitement dépendante. Il est nécessaire de se le rappeler pour comprendre la manière dont elle a posé les problèmes d'instruction et les solutions qu'elle en a données.

On devine, dès à présent, sans qu'il soit nécessaire d'y insister, les défauts et aussi les qualités qu'entraîne une telle manière d'aborder la pédagogie. Il est évident, d'abord, que la pédagogie de Condorcet sera extrêmement différente de celle de Rousseau et, d'une manière générale, de celle des éducateurs qui l'ont précédé. Chez ces derniers, le souci du côté pratique et professionnel, du « métier », pour ainsi dire, de l'éducation, primait tout. Se placer en face de l'enfant, étudier sa nature, choisir les connaissances les plus saines ou les plus utiles, rechercher les méthodes les plus propres à exciter la curiosité, à soutenir l'attention, à former le jugement et le cœur, organiser judicieusement les études, tels étaient la méthode et les chapitres principaux de l'art d'élever les enfants. Les problèmes pédagogiques étaient ainsi traités comme des problèmes indépendants, sans lien avec les problèmes philosophiques, politiques et sociaux. L'éducation constituait un domaine à part. — Avec Condorcet tout change et le centre de gravité de la pédagogie se déplace. Ce sont des questions nouvelles qui passent au premier plan. Le soin d'élever les enfants doit-il être abandonné aux particuliers ou assumé par l'État ; quels sont, en matière d'instruction, les devoirs de l'État et les droits des particuliers ; quel objet doit poursuivre l'instruction publique ; comment seront choisis les maîtres chargés d'enseigner dans les écoles de l'État, etc., tels sont, aux yeux de Condorcet, les problèmes essentiels de la pédagogie. Ici, l'art d'élever les enfants apparaît comme étroitement lié à l'art de gouverner les hommes. La science de l'éducation devient un chapitre de la politique, ou plutôt, comme le dira Michelet, elle est toute la politique. Et certes, nous ne prétendons pas que Condorcet ait été le premier à traiter dans cet esprit les questions pédagogiques. Helvétius, La Chalotais et les parlementaires de 1762, Turgot et les économistes, Rousseau lui-même (1), avaient déjà parlé d'une instruction donnée par l'État et entrevu la liaison de la pédagogie avec la politique. Mais, outre que Condorcet a posé les problèmes avec beaucoup plus de précision et de netteté qu'on n'avait fait avant lui, c'est lui qui, le premier, a donné de ces problèmes la véritable solution démocratique, très différente, nous le montrerons à l'occasion, de celle de ses devanciers.

Ce qui manquera, en revanche, à la pédagogie de Condorcet, ce sera, on le pressent, le sens fin et délié de la réalité psychologique, la connaissance de l'âme de l'enfant. Elle sera trop abstraite et théorique. Elle ignorera l'art délicat de conduire les esprits et les cœurs; elle comptera trop sur l'influence spontanément moralisatrice des « lumières », et négligera trop les résistances que les passions, les désirs, les instincts de l'enfant opposent à la force persuasive de la vérité. Dans l'enseignement lui-même, elle fera la part trop large aux livres, au « savoir », et trop restreinte à l'influence du maître. Elle ne dira pas assez que lui seul peut approprier les difficultés à la nature d'esprit de l'élève, éveiller sa curiosité, solliciter ses

____

(1) Le Rousseau du *Contrat social* et des *Considérations sur gouvernement de la Pologne*.

aptitudes, essayer, pour ainsi dire, ses facultés, qu'il lui faut, pour cela, s'ingénier de mille manières et avec d'infinies précautions, et que c'est justement dans cette délicate appropriation, dans ce maniement sûr et habile des esprits que réside le secret de la force de l'éducation. En un mot, il manquera à la pédagogie de Condorcet d'être vraiment pratique.

En revanche, elle revêtira une dignité et une ampleur inconnues jusqu'alors. Elle sera plus largement ouverte sur la société et la vie. Elle embrassera les choses de haut. Trop dédaigneuse peut-être de la minutie des applications, elle saura du moins s'attacher aux questions vitales et garder toujours le contact avec les grands principes généraux qui doivent dominer l'éducation.

Tout cela revient à dire que Condorcet a « philosophé », suivant un mot à la mode, la pédagogie. Il fallait faire ressortir tout de suite ce caractère; c'est lui qui nous paraît marquer le mieux la véritable originalité de Condorcet. On n'a voulu voir en lui que l'auteur d'un *Plan d'Instruction publique* auquel le XIXᵉ siècle a fait de larges emprunts. A notre avis, son meilleur et plus durable titre de gloire est d'avoir été, dans notre pays, le vrai théoricien de l'éducation nationale, nous dirions volontiers, si cette expression théologique était de mise pour le promoteur de l'éducation laïque, le « docteur » de la pédagogie démocratique et libérale. En assignant comme idéal à l'éducation l'idéal même de notre société républicaine et démocratique, il a fixé les vrais principes de l'éducation moderne; il lui a fait prendre une conscience nette de ses fins et de son objet, et lui a donné une doctrine. Le *Plan* d'instruction publique qu'il a tracé, si admirable qu'il soit, prête, nous le verrons, à bien des critiques; nos institutions actuelles, si elles restent encore en deçà de lui sur plusieurs points, en quelques autres parties le dépassent et le complètent. Au contraire, la doctrine pédagogique de Condorcet reste encore aujourd'hui l'âme de toute éducation démocratique digne de ce nom. Le *Plan* a été et sera incessamment corrigé et amélioré; la doctrine, en ce qu'elle a d'essentiel, demeure intacte.

II

Ce n'est pas sans de bonnes raisons que Condorcet fut nommé membre, puis rapporteur du *Comité d'Instruction publique* de l'Assemblée législative, et chargé de rédiger le *Rapport* et le *Projet de Décret* relatifs à l'organisation de l'instruction publique en France. Des travaux antérieurs l'avaient désigné au choix de l'Assemblée. Il avait publié, en effet, au cours de l'année 1791, une série de cinq *Mémoires sur l'Instruction publique*, qui parurent successivement dans la *Bibliothèque de l'homme public*. Jusqu'à la fin de sa vie d'ailleurs, les questions d'instruction ne cessèrent de le préoccuper, et les pages qu'il leur a consacrées dans cette *Esquisse d'un tableau historique des progrès de l'Esprit humain* écrite pendant sa proscription et presque sous le couteau de la guillotine, sont parmi les plus précises et les plus fortes qu'il nous ait laissées (1).

Il faut distinguer deux parties dans la pédagogie

(1) C'est surtout aux *Mémoires* et à l'*Esquisse* que nous demanderons la vraie pensée de Condorcet. Dans le *Rapport*, lu à l'Assemblée législative les 20 et 21 avril 1792, au nom du *Comité d'Instruction publique*, Condorcet a dû exposer les vues du Comité, qui, sur quelques points de détail au moins, différaient des siennes. (Voy. les *Procès-verbaux des séances du Comité d'Instruction publique de l'Assemblée législative*, publiés par M. Guillaume.) Il est possible en outre que les préoccupations de l'homme politique y aient un peu déformé les idées du philosophe.

de Condorcet, une théorie des *fins* de l'éducation, et un exposé des *moyens* propres à réaliser ces fins. Que Condorcet ait lui-même établi cette distinction dans ses écrits, nous ne le prétendons pas. Mais, outre qu'elle est commode pour la clarté de l'exposition, elle nous paraît répondre à une réalité, s'il est vrai, comme on le verra, que certainement excellente en tout ce qui concerne les fins de l'éducation, la pédagogie de Condorcet peut et doit provoquer des critiques dans ce qui touche l'organisation et le régime des études.

Condorcet prend à son compte le mot du *Contrat social* : « L'homme est né libre, et partout il est dans les fers. » Et il souscrit de même à ce début du *Discours sur l'origine de l'inégalité parmi les hommes* : « Je conçois dans l'espèce humaine deux sortes d'inégalité : l'une que j'appelle naturelle ou physique, parce qu'elle est établie par la nature, et qui consiste dans la différence des âges, de la santé, des forces du corps, et des qualités de l'esprit ou du corps; l'autre qu'on peut appeler inégalité morale ou politique, parce qu'elle dépend d'une sorte de convention, et qu'elle est établie ou du moins autorisée par le consentement des hommes. » — Contre cette servitude et contre cette inégalité, fruits détestables de la réunion des hommes en société, Condorcet veut que l'éducation lutte de toutes ses forces. La fin suprême de l'éducation, selon lui, est de rétablir les hommes, par l'affranchissement des esprits et des âmes, dans leur liberté native, et de supprimer, non les inégalités naturelles — ce qui est une chimère irréalisable — mais ces inégalités sociales qui, injustes en elles-mêmes, rendent les premières plus douloureuses et insupportables en les aggravant de tout leur poids.

Ainsi l'éducation doit être, d'abord, libératrice. Bien loin qu'il ait été, comme on le représente trop volontiers, un « fanatique à froid, niveleur par système » — le mot est de Taine — plus préoccupé de faire passer tous les esprits sous la même toise que soucieux de respecter et de développer l'originalité native de chacun, Condorcet a toujours aimé la liberté d'un vif amour et a eu un sentiment très juste et très délicat de ses exigences. A maintes reprises, dans ses écrits pédagogiques, nous trouvons exprimé ce souci de la liberté poussé jusqu'au scrupule. Deux ou trois exemples en feront foi : ce titre, par exemple, du chapitre qui termine le deuxième *Mémoire* et qui est à lui seul bien significatif : *On a conservé dans ce plan l'indépendance nécessaire pour la liberté*. De même, dans le premier *Mémoire*, Condorcet déclare que le bénéfice le plus certain d'une instruction largement répandue, c'est la disparition de cet « état de dépendance servile où l'homme, jouet du charlatan qui [veut] le séduire et ne pouvant défendre lui-même ses intérêts, est obligé de se livrer en aveugle à des guides qu'il ne peut ni juger ni choisir ». Ailleurs, il exprime fortement cette croyance, que le progrès de l'instruction chassera le despotisme et fera de la liberté, non « un mot que les hommes entendent lire dans leurs codes, mais un droit dont ils sachent jouir ». Toute la pédagogie de Condorcet porte la trace d'un ardent effort vers la liberté.

D'où vient cependant qu'on a pu se tromper sur Condorcet au point de faire de ce libéral un farouche égalitaire? C'est, comme il arrive fréquemment, qu'on a porté dans l'étude de sa pensée des préoccupations et des sentiments tout modernes; on lui a prêté injustement des façons de voir, des tours de pensée qui ne datent que de bien après lui. Au cours du XIXe siècle, sous l'effet de causes nombreuses que nous n'avons pas à rappeler, il semble qu'il se soit établi un divorce entre les idées de liberté et d'égalité. Un esprit lucide et pénétrant, M. Faguet, est allé jusqu'à dire que la liberté et l'égalité étaient contradictoires : « La Liberté, dit-il, s'oppose à l'Égalité ; car la Liberté est aristocratique par essence. La Liberté ne se donne jamais, ne s'octroie jamais; elle se conquiert. Or, ne peuvent la conquérir, que des groupes sociaux qui ont su se donner la cohérence, l'organisation et la discipline, et qui, par conséquent, sont des groupes aristocratiques... Et de même l'Égalité s'oppose à la Liberté. Elle se résout forcément au gouvernement d'un seul accepté ou subi par tous, par horreur pour le gouvernement de quelques-uns... Il n'y a d'Égalité que dans le despotisme, parce que c'est le despotisme qui fait l'Égalité et parce que c'est l'Égalité aussi qui produit le despotisme et qui le maintient. » Or, Condorcet, s'il a beaucoup aimé la liberté, a parlé d'elle moins souvent encore que de l'égalité. Sa pédagogie, à la prendre superficiellement, semble organisée tout entière en vue de combattre les inégalités sociales. La conclusion s'impose : Condorcet, fanatique de l'égalité, a dû être, a été, selon les idées modernes, un adversaire de la liberté.

Mais, à colorer ainsi des reflets de nos dispositions présentes les idées des hommes d'autrefois, on arrive infailliblement à fausser leur pensée. Condorcet était si loin de croire qu'il y eût antinomie entre la liberté et l'égalité qu'il les a confondues dans un seul et même culte. A ses yeux, elles ne sont que les deux aspects différents d'une réalité unique. Il est fermement convaincu que toutes les mesures qui servent la cause de l'une font triompher l'autre. M. Edme Champion, dans le petit ouvrage où il a excellemment défini l'*Esprit de la Révolution française*, note avec beaucoup de justesse que « Condorcet a très bien expliqué comment les progrès de la liberté sont très intimement liés à ceux de l'égalité, comment en remédiant aux différentes causes d'inégalité on procurera aux hommes une liberté de plus en plus étendue et réciproquement comment la liberté contribuera à l'égalité. Il prouve qu'en dernière analyse les intérêts des deux sœurs sont identiques si on les entend bien. Il repousse la chimère de l'égalité absolue comme également funeste à la liberté et à la véritable égalité, à celle que comporte la nature des choses ». Ne nous arrêtons donc pas à une simple apparence. Il importe peu que Condorcet ait construit son système pédagogique en vue de l'égalité. En fait, et parce qu'il ne séparait pas l'égalité de la liberté, il a simplement voulu travailler à établir l'une au moyen de l'autre, et, par là, sa pédagogie mérite réellement le nom de libérale (1). C'est ce que le simple exposé de ses idées montrera suffisamment.

Que sera donc cette éducation émancipatrice que veut fonder Condorcet? Elle consistera, en premier lieu, à organiser la culture des facultés intellectuelles et morales et à l'assurer à tous, du moins jusqu'à ce degré où elle est nécessaire à ce que Condorcet appelle, d'un mot assez vague, « l'indépendance ». Il importe ici de bien entendre sa pensée. Aux yeux de Condorcet, le mot d'indépendance n'a pas seulement un sens physique et ne désigne pas seulement l'état de l'homme qui subvient lui-même à ses besoins matériels. Être indépendant, c'est aussi se suffire à soi-même politiquement. C'est pouvoir « exercer par soi-même, et sans se soumettre aveuglément à la raison d'autrui, les droits dont la loi vous a garanti la jouissance ». Des exemples précisent la pensée de Condorcet. « Celui qui ne sait pas écrire et qui ignore l'arithmétique dépend réellement de l'homme plus instruit, auquel il est sans cesse obligé de recourir. » Un tel homme n'est pas indépendant. De même, « celui qui n'est pas instruit des premières lois qui règlent le droit de propriété ne jouit pas de ce droit de la même manière que celui qui les connaît ». Celui-là encore n'est pas indépendant. En d'autres termes, l'indépendance

(1) Le mot de *libéral* se rencontre pour la première fois, du moins officiellement, dans la proclamation où Bonaparte annonçait aux Français le coup d'État du 18 brumaire. (Renseignement donné par M. Aulard.) Le système d'idées et de tendances que résume ce mot, et qui existait dès le début de la Révolution, n'a trouvé un nom qu'au moment où il allait subir une longue éclipse. Pendant la Révolution, ses partisans s'appelaient : défenseurs des droits de l'homme, sectateurs de l'égalité, etc.

consiste à pouvoir se conduire soi-même dans les circonstances communes soit matérielles, soit morales, soit sociales qui surviennent au cours de la vie. Cette éducation par conséquent sera seule émancipatrice, seule digne d'un peuple libre, qui distribuera également à tous les enfants les connaissances qui leur permettront de se suffire à eux-mêmes dans toutes ces circonstances. Quelles sont précisément ces connaissances, c'est ce que nous dirons plus tard; nous n'exposons encore que la théorie des fins de l'éducation.

Mais l'indépendance, ainsi entendue comme une sorte d'affranchissement matériel et politique, n'épuise pas tout le contenu de la notion de liberté. Bien avant Benjamin Constant, Condorcet signale la différence entre la « liberté des anciens » et la « liberté des modernes ». Chez les anciens, la liberté consistait à exercer collectivement et directement la souveraineté, c'est-à-dire à faire les lois, décider de la paix et de la guerre, contrôler la gestion des magistrats, etc.; mais elle admettait l'assujettissement complet de la conscience de l'individu à la cité et autorisait l'existence d'une éducation, d'une religion d'État. Les modernes, au contraire, entendent surtout, par le mot de liberté, le droit de penser, d'écrire, de dire, de faire tout ce qui n'est pas expressément interdit par les lois. La « liberté des opinions », ou, comme nous disons aujourd'hui, la liberté de conscience est devenue « une des parties les plus précieuses de la liberté naturelle ». — Une instruction publique qui veut être vraiment libérale devra donc à son principe de respecter scrupuleusement la liberté des opinions. Et comment y réussira-t-elle? En bornant son rôle à l'enseignement des connaissances positives, des vérités certaines, à l'*instruction*, et en laissant à chaque enfant, ou plutôt aux parents, tuteurs naturels de l'enfant, le soin de déterminer le genre *d'éducation* (sentiments, croyances philosophiques, morales et religieuses) qui lui convient. Telle est, sur cette question si délicate, la position très nette que prend d'abord Condorcet.

Mais alors surgit une grave difficulté. Condorcet se rend bien compte que ces « vérités appuyées d'une preuve certaine », qui seules doivent constituer la matière de l'enseignement public, sont en si petit nombre « qu'on ne peut s'empêcher d'être effrayé ». Si les sciences mathématiques et physiques ont pu établir des vérités démontrées, pareille fortune n'est pas échue aux sciences naturelles, et encore moins aux sciences morales et politiques. Dans ces dernières notamment, Condorcet en convient, « entre les vérités reconnues et celles qui ont échappé à nos recherches, il existe un espace immense que l'*opinion* seule peut remplir ». Nous voilà donc placés dans une alternative fâcheuse. Ou bien notre enseignement public, respectant la liberté des opinions, n'enseignera que les vérités universellement admises, et alors il sera appauvri, desséché, manquera de corps et de matière; — ou bien il mêlera des opinions, des croyances, des affirmations incertaines aux vérités positives, aux faits et aux lois qu'il enseignera, et, dans ce cas, il ne respectera plus la liberté des opinions, il ne sera plus libéral.

Comment échapper à ce dilemme? Théoriquement, la difficulté est insoluble. Pratiquement, elle peut recevoir une solution acceptable. Il est clair, en effet, que, dans la pratique, aucun enseignement ne peut se borner strictement aux vérités scientifiques. Il faut en prendre son parti, aucun maître ne pourra réaliser jamais cette idéale « neutralité ». Mais la « liberté de conscience » de l'enfant demeurera sauve si le maître, au lieu de lui imposer ses propres idées, ou celles des autres, comme articles de foi, les lui propose expressément comme de simples opinions. Un enseignement sera, en fait, libéral, s'il est libre, c'est-à-dire si le maître ne reçoit pas mission d'enseigner certaines doctrines à l'exclusion de certaines autres, s'il n'est point le propagateur et l'apôtre d'un *credo* que « la puissance publique » lui aurait imposé. Condorcet, avec une vigueur de dialectique qui n'a pas été dépassée, ruine la thèse des partisans d'un enseignement d'État. S'opposant nettement à Turgot, qui, dans sa fameuse *Lettre au roi*, demandait que l'instruction morale et civique qu'on donnerait aux enfants « leur manifestât bien les obligations qu'ils ont à la société et au pouvoir qui les protège et les devoirs que ces obligations leur imposent », se séparant aussi des parlementaires de 1762, de La Chalotais, du président Rolland, à qui l'on veut à tort qu'il ait emprunté une bonne part de ses idées pédagogiques, Condorcet demande que toute la force de l'éducation s'emploie, non pas au maintien de l'ordre public et de la paix sociale, mais à l'émancipation intellectuelle et morale de l'enfant, au développement libre de ses facultés. Que le pouvoir de l'État, s'écrie-t-il, expire au seuil de l'école et que chaque maître puisse enseigner les opinions qu'il croit vraies, non celles que l'État a jugées telles. Que les pouvoirs publics ne s'arrogent pas le droit de choisir les maximes philosophiques, morales et politiques qui doivent être inculquées aux citoyens. Comme ces maximes « influent grandement sur le bonheur », et que nul ne saurait s'ériger en juge du bonheur des autres, ce sont les enfants seuls, ou, s'ils en sont encore incapables, leurs parents, qui ont qualité pour faire ce choix. En somme, conclut Condorcet, « l'indépendance de l'instruction fait en quelque sorte une partie des droits de l'espèce humaine ».

Est-ce à dire que l'État doive se désintéresser de l'éducation et se réduire à un rôle de spectateur ? Telle n'est pas la pensée de Condorcet. Si l'État n'a pas de droit sur la conscience des enfants, il a envers elle un devoir, qui est de la mettre à même de connaître toutes les idées et de faire entre elles un libre choix. L'État doit employer toute l'autorité dont il est investi à assurer à tous la jouissance de ce bien qui appartient à tous et qui est la pensée et le savoir humains. Pour employer le langage de Condorcet, l'État doit « répandre les lumières ». Mais, cela fait, son rôle est fini. Des formules très fortes résument sur ce point la pensée de Condorcet. « Le devoir de l'État est d'armer contre l'erreur, qui est toujours un mal public, toute la force de la vérité; mais il n'a pas le droit de décider où réside la vérité, où se trouve l'erreur. » Ou encore : « L'État ne peut, sur aucun objet, avoir le droit de faire enseigner des opinions comme des vérités ; il ne doit imposer aucune croyance. Si quelques opinions lui paraissent des erreurs dangereuses, ce n'est pas en faisant enseigner les opinions contraires qu'il doit les combattre ou les prévenir..., c'est en assurant aux bons esprits les moyens de se soustraire à ces erreurs et d'en connaître tous les dangers » (1).

Une conséquence importante découle de ces principes, c'est qu'il faut bannir des écoles publiques tout enseignement religieux. Les opinions religieuses « devant être le choix d'une conscience indépendante », on ne saurait « admettre, dans l'instruction publique, un enseignement [religieux] qui, tout en repoussant les enfants d'une partie des citoyens, détruirait l'égalité des avantages sociaux et donnerait à des dogmes particuliers un avantage contraire à la liberté des opinions ». Il est donc nécessaire de séparer l'enseignement de la morale de celui de la religion. Chaque religion « doit être enseignée dans les temples par ses propres ministres ». Quant aux « principes de la morale enseignés dans les écoles, ce seront ceux

(1) Dans les notes qu'il a jointes à son *Rapport*, réimprimé, en 1793, par ordre de la Convention, Condorcet a un peu modifié ces vues. Il persiste à réclamer, pour le haut enseignement, une indépendance absolue. Mais il admet que l'État établisse, « sur l'opinion universelle des hommes éclairés, une instruction élémentaire conforme à la vérité, et dirigée par une bonne méthode ». En somme, il distingue entre l'enseignement supérieur, qui doit être indépendant, et l'enseignement primaire, qui doit être surveillé et dirigé par l'État. « Il serait dangereux, dit il, d'abandonner la direction de l'instruction élémentaire, parce que les lumières ne sont pas assez généralement répandues pour n'avoir pas à craindre qu'elle ne soit égarée, soit par les préjugés, soit par une haine de ces mêmes préjugés, puérilement exagérée; qui répondra que même la superstition ne s'empare des nouvelles écoles? »

qui, fondés sur nos sentiments naturels et sur la raison, appartiennent également à tous les hommes ».

Il y a plus. Ce n'est pas seulement l'enseignement religieux qu'il faut exclure de l'école; « cette proscription doit s'étendre même sur ce qu'on appelle religion naturelle; car les philosophes théistes ne sont pas plus d'accord que les théologiens sur l'idée de Dieu, et sur ses rapports moraux avec les hommes. C'est donc un objet qui doit être laissé, sans aucune influence étrangère, à la raison et à la conscience de chaque individu ». — Enfin l'État doit observer encore la même impartialité à l'égard des opinions politiques. Sans doute l'exposé des lois constitutionnelles fait essentiellement partie de l'instruction nationale. Mais cet exposé doit être exempt de tout esprit de propagande. Il faut enseigner la constitution « comme un fait », se contenter de l'expliquer et de la développer, et se borner à dire : « Telle est la constitution établie dans l'État et à laquelle tous les citoyens doivent se soumettre. » Si l'État agissait autrement, s'il usait de la force de l'instruction pour « exciter en faveur des lois constitutionnelles un aveugle enthousiasme qui rende les citoyens incapables de les juger », il créerait « une espèce de religion politique », il violerait « la liberté dans ses droits les plus sacrés ». Sur ce point encore, Condorcet trouve, pour condenser sa pensée, d'énergiques formules. « Le but de l'instruction n'est pas de faire admirer aux hommes une législation toute faite, mais de les rendre capables de l'apprécier et de la juger. » Et encore : « Il ne s'agit pas de soumettre chaque génération aux opinions comme à la volonté de celle qui la précède, mais de les éclairer de plus en plus, afin que chacun devienne de plus en plus digne de se gouverner par sa propre raison. »

Ne trouvons-nous pas là, dans toute sa largeur et sa beauté, la vraie pensée libérale? Ne peut-elle pas à bon droit se dire vraiment émancipatrice, cette éducation si attentive à respecter toutes les croyances et toutes les opinions, si soucieuse d'affranchir les maîtres et les élèves de toute tyrannie, si ardente à remettre à chacun le gouvernement de sa vie, de son esprit, de sa conscience? Et trouvera-t-on, après cela, qu'il soit exagéré de voir en Condorcet l'initiateur de toute éducation moderne digne d'un peuple libre?

Arrivé à ce point de ses déductions, Condorcet tourne court. Il croit avoir assez fait pour la liberté en la respectant. Plein de confiance dans les forces vives de l'âme, et comptant sur la raison pour les discipliner, il semble croire que la liberté se créera d'elle-même dans l'enfant, ou plutôt qu'elle naît en même temps que lui et qu'il suffit de ne pas porter la main sur elle pour qu'elle grandisse spontanément. Il ne veut pas voir qu'elle n'existe au contraire, chez l'enfant, qu'à l'état de germe, et de germe bien frêle, et qu'elle ne deviendra une plante vivace et robuste qu'à force de soins intelligents et prudents, d'excitations à la fois délicates et vives. Cet ardent défenseur de la liberté néglige l'éducation de la liberté. C'est qu'il partage l'optimisme généreux et imprudent de son temps ; c'est qu'il croit, avec Voltaire, Turgot, et presque tous les philosophes du XVIIIe siècle, qu'il y a une « liaison nécessaire entre les lumières et la liberté ». Mais nous, moins confiants ou mieux avertis, pouvons-nous admettre qu'un esprit muni de connaissances soit, par cela même, un esprit libre, et que, pour affranchir une volonté, il suffise de remplir une mémoire, d'exercer même un jugement? Ne savons-nous pas que contre la force de la vérité s'insurge trop souvent la légion violente de nos passions, de nos instincts, de nos intérêts? Ne savons-nous pas qu'il est d'autres ennemis de notre liberté que notre ignorance? Et pouvons-nous douter qu'une éducation de la liberté, si elle consiste en une éducation de la raison, consiste aussi et surtout peut-être dans une éducation de la volonté?

D'autre part, n'est-ce pas simplifier à l'excès le problème, compliqué entre tous, des devoirs de l'État en matière d'éducation, que de distinguer entre l'*instruction*, dont Condorcet fait l'unique objet de l'enseignement public, et l'*éducation*, qu'il réserve tout entière aux familles? Outre qu'il est malaisé de tracer une frontière entre deux domaines qui se touchent et se pénètrent de toutes parts, n'est-il pas à craindre que tant d'égards pour les droits des parents ne se concilient mal avec la protection due à ceux de l'enfant? Car enfin, peut-on raisonnablement espérer que tous les parents usent au mieux des intérêts de leurs enfants de cette liberté sans limites qui leur est laissée? N'est-il pas apparu, à l'expérience, que beaucoup de pères de famille abuseraient de cette liberté jusqu'à priver leurs enfants, non seulement de toute éducation, mais aussi de toute instruction, et n'a-t-il pas fallu rendre l'instruction primaire obligatoire? Ne peut-il pas être nécessaire de protéger des enfants contre des parents manifestement indignes de les élever? Condorcet n'a-t-il pas lui-même, à propos de l'éducation religieuse, soupçonné que certains parents pouvaient s'oublier jusqu'à commettre contre leurs enfants « des violations directes du droit naturel, commun à tout être sensible, contre lesquelles les lois de la société doivent protéger l'enfance, en la défendant de l'autorité paternelle »? Il a entrevu la difficulté, mais il ne l'a pas approfondie ni résolue. Il n'a pas vu que le devoir de l'État est d'intervenir en faveur de l'enfant lorsque les parents s'abstiennent ou remplissent mal leurs devoirs d'éducateurs; et il a négligé de fixer les limites et les modalités de cette intervention.

D'où proviennent cependant ces incertitudes et ces lacunes? Il est peut-être utile de s'en rendre compte, si, comme c'est ici le cas, l'on n'étudie point les idées de Condorcet en dilettante ou en érudit, mais en éducateur soucieux d'y découvrir des directions immédiatement utilisables. Or, à notre sens, les erreurs que nous venons de signaler découlent d'une insuffisance philosophique. Bien loin de reprocher à Condorcet d'avoir, comme l'on dit, trop « philosophé » la pédagogie, de s'être trop livré à ce que Taine appelle dédaigneusement des « combinaisons d'idéologie », il faut lui reprocher plutôt de n'avoir pas creusé assez avant cette notion philosophique de liberté à laquelle il suspend toute la suite de ses déductions. Qu'entend-il au juste, en effet, par cette « liberté humaine », clef de voûte de sa pédagogi ? Tantôt il la définit comme l'état d'indépendance matérielle où vit l'homme qui se suffit à soi-même; sorte de liberté à la Robinson Crusoé. Tantôt il l'identifie avec l'exercice des droits politiques et de la souveraineté, et, cette fois, c'est de la liberté à l'antique qu'il s'agit. Tantôt enfin il la présente comme le droit de penser, et de dire, et de faire tout ce qui n'est pas interdit par les lois; c'est alors de la liberté de conscience qu'il entend parler. Toutes ces définitions s'appliquent à *des* libertés, mais non à *la* liberté. Condorcet n'est pas remonté jusqu'à cette liberté philosophique, dans laquelle seule les libertés particulières puisent leur véritable sens, leur légitimité et leur principe. S'il avait approfondi davantage cette notion de liberté et l'avait saisie en son fond même, s'il avait vu qu'être libre, c'est, pour chaque homme, obéir par un choix volontaire à la règle que sa raison, à la supposer suffisamment éclairée, a conçue comme la meilleure possible, toutes les incertitudes que nous avons signalées auraient été dissipées. Il aurait compris que cette soumission de la volonté à une loi rationnelle reconnue comme la plus parfaite n'est pas le fruit spontané d'une heureuse constitution, mais le résultat, laborieusement préparé, d'une éducation attentive et clairvoyante. Il aurait mieux vu aussi qu'il ne suffit pas, pour être libre, de connaître les meilleures règles de conduite, mais qu'il faut encore et surtout avoir l'énergie de les traduire en actes. Il aurait enfin mieux conçu l'extrême difficulté de cette tâche délicate entre toutes, former une liberté, tâche à laquelle si peu d'hommes sont aptes, et il n'aurait pas abandonné aux parents, sans restriction ou sans contrôle, le droit d'élever leurs enfants. En somme, un degré de plus dans la spéculation et Condorcet eût communiqué à sa pédagogie une consistance et une précision parfaites. C'est à cette même conclusion que nous serons amené tout à l'heure par l'examen des vues de Condorcet sur l'égalité d'instruction.

Il convient toutefois de dire, en terminant, que si Condorcet n'a pas résolu toutes les difficultés que soulève l'éducation de la liberté, il a eu le vif sentiment des précautions et des scrupules que les maîtres et l'État y doivent apporter. Il a aimé la liberté et il a cru en elle. C'est de lui en définitive que devront prendre conseil les éducateurs qui veulent élever les enfants par et pour la liberté, c'est-à-dire tous les éducateurs modernes.

L'éducation, selon Condorcet, ne doit pas seulement réaliser l'émancipation matérielle, intellectuelle et morale de l'enfant : elle doit encore, nous l'avons vu, lutter contre les inégalités ou, pour parler la langue de Condorcet, « rendre réelle l'égalité des droits…, ce premier principe de l'éternelle justice ». Condorcet a-t-il donc cru que tous les esprits fussent égaux et dussent recevoir une instruction égale? Non certes. De même que nous l'avons vu, en politique, repousser énergiquement la « chimère de l'égalité absolue », de même, en pédagogie, il se défend de vouloir établir l'égalité entière d'instruction. Il a su se mettre en garde contre le paradoxe de son ami Helvétius, pour qui, tous les esprits naissant avec des facultés égales, les différences qu'on remarque entre eux sont toutes imputables à l'éducation. Dans les papiers inédits de Condorcet, que conserve la Bibliothèque de l'Institut, nous avons trouvé le brouillon d'une *Préface* destinée à présenter au public une série de livres d'enseignement. Ce brouillon est une réfutation en règle « des ingénieux sophismes d'Helvétius ». Condorcet établit contre lui que « les esprits sont naturellement inégaux » et distingue trois catégories naturelles d'esprits, « les esprits faciles », les esprits chez qui « la force de tête supplée à la facilité par l'application », enfin les esprits médiocres. Il a d'ailleurs, à maintes reprises, déclaré que « l'égalité des esprits et celle de l'instruction sont des chimères ».

Qu'est-ce donc que cette « égalité naturelle », que la fin de l'éducation est de rendre réelle? La pensée de Condorcet, sur ce point, est d'une précision parfaite. Il ne s'agit pas de détruire les inégalités qui résultent de la nature, mais de faire disparaître celles qui naissent de l'état social. Or, il est trois sortes d'inégalités sociales. En premier lieu, si le fait de vivre en société « diminue nécessairement », au moins dans une certaine mesure, les inégalités que la nature a mises entre les hommes, puisque, grâce à lui, « les forces communes concourent au bien-être des individus », en revanche, il renforce ces mêmes inégalités et par conséquent crée une inégalité artifi-

cielle, puisque les mieux doués profitent proportionnellement davantage des bienfaits de l'état
social. L'égalité naturelle — entendons par là cet
état où ne subsistent que les inégalités que la
nature elle-même a mises entre les hommes — se
trouve ainsi détruite par l'état de dépendance où
tombent les plus faibles. Cependant il est nécessaire
de maintenir cette égalité naturelle et c'est à quoi
précisément doit s'employer, pour sa part, l'éducation. Mais comment y réussira-t-elle? Elle n'a,
dit Condorcet, qu'à assurer à tous les citoyens, par
l'instruction, la possibilité de « l'indépendance ». Ce
même enseignement élémentaire et commun à tous,
que tout à l'heure Condorcet déclarait nécessaire à
l'affranchissement des individus, il le réclame
maintenant comme nécessaire et suffisant pour rétablir le règne de l'égalité naturelle. Car il croit
fermement que faire chaque homme indépendant
des autres, c'est faire chaque homme l'égal de tous.
Et réciproquement, dans cette égalité réalisée par
une éducation élémentaire commune, il voit la meilleure garantie de la liberté; car il n'y a de liberté
vraie que là où l'exercice des droits n'est pas une
vaine formule contredite par de flagrantes inégalités sociales. Égalité, liberté, sont deux causes
que l'on sert par le même moyen. La création d'un
enseignement élémentaire, commun à tous les
citoyens, distribuant à tous les connaissances grâce
auxquelles ils pourront exercer par eux-mêmes
leurs droits naturels et atteindre leur bonheur,
n'a pas seulement pour effet d'assurer à tous
« l'indépendance »; par surcroît et sans y tâcher,
elle rétablit entre tous cette égalité naturelle que le

développement de la vie de société avait rompue.

Au surplus, il suffit, pour réaliser l'égalité, que l'État distribue à tous le minimum d'instruction qui assure l'indépendance. Qu'importe, en effet, à celui qui ne dépend pas des autres, que ces autres soient plus instruits que lui? Leur supériorité d'instruction ne saurait que l'aider sans jamais l'asservir. « L'homme qui sait les règles de l'arithmétique nécessaires dans l'usage de la vie n'est pas dans la dépendance du savant qui possède au plus haut degré le génie des sciences mathématiques et dont le talent lui sera d'une utilité très réelle, sans jamais pouvoir le gêner dans la jouissance de ses droits. » En somme, pour sauvegarder l'égalité naturelle, il n'est ni nécessaire ni souhaitable que tous reçoivent la même dose d'instruction, il suffit d'assurer à chacun la possession des connaissances qui lui permettront de jouir en pleine conscience de ses droits.

Mais la réunion des hommes en société ne renforce et n'aggrave pas seulement les inégalités naturelles; elle engendre encore, par la différence des professions, une deuxième sorte d'inégalité artificielle. « Dans l'état actuel des sociétés, les hommes se trouvent partagés en professions diverses », dont les unes sont lucratives et agréables, les autres pénibles et peu rémunératrices. Chacune cependant requiert des connaissances particulières. Il est donc « utile pour l'égalité d'ouvrir le chemin des diverses professions à ceux que leurs goûts ou leurs facultés y appelleraient, mais que, par le défaut d'instruction, leur pauvreté ou en écarterait absolument, ou y condamnerait à la médiocrité, et dès lors à la dépendance ». A côté de l'instruction générale qui distribue les connaissances « relatives au bonheur et à l'exercice des droits communs » et doit donc être identique pour tous les citoyens, il faut créer une instruction professionnelle, spéciale, divisée en autant de parties qu'il y a d'espèces de professions, et où chacun viendra puiser les connaissances relatives au métier qui convient à ses aptitudes naturelles et à ses goûts.

Il est enfin une troisième inégalité créée par l'état social, c'est celle qui résulte de la différence des fortunes. Qu'un enfant pauvre soit, par le fait même de sa pauvreté, exclu de la science pour laquelle il a des aptitudes, tandis qu'un enfant riche, même médiocrement doué, jouit largement des bienfaits de l'instruction, c'est là peut-être l'inégalité la plus blessante pour notre raison. Il s'agit donc de créer « une forme d'instruction qui ne laisse échapper aucun talent sans être aperçu et qui lui offre tous les secours réservés jusqu'ici aux enfants des riches ».

Quelle sera cette « forme d'instruction » ? Il faut d'abord, cela découle de sa définition même, qu'elle soit une instruction gratuite. Il faut encore qu'elle soit composée de plusieurs degrés, correspondant aux diverses capacités, de telle sorte que chaque enfant puisse recevoir toute l'instruction que comportent ses talents naturels. Il sera donc nécessaire de créer, au-dessus de l'enseignement élémentaire commun à tous, une série d'enseignements de plus en plus relevés, dont le plus haut, réservé aux jeunes gens exceptionnellement doués, comporterait l'étude « de toutes les sciences dans toute leur étendue » et serait aussi complet, aussi approfondi que le permettent l'état de la civilisation et le développement des sciences. Ce dernier degré d'instruction répond exactement à ce que nous appelons aujourd'hui l'enseignement supérieur.

Ainsi, c'est au nom de l'égalité que Condorcet réclame la création d'un enseignement supérieur méthodique et complet qui ne pourra être suivi que par une petite élite. Sans doute les exigences de l'égalité bien comprise ne sont pas seules à légitimer, à ses yeux, la création d'un haut enseignement. Apôtre convaincu de la perfectibilité indéfinie de l'espèce humaine, il croit « que la culture peut améliorer les générations, et que le perfectionnement dans les facultés des individus est transmissible à leurs descendants ». Il a écrit, sur la solidarité que créent entre les hommes la transmission héréditaire des aptitudes et la mise en commun des découvertes, cette admirable page : « Si le perfectionnement indéfini de notre espèce est, comme je le crois, une loi générale de la nature, l'homme ne doit pas se regarder comme un être borné à une existence passagère et isolée, destiné à s'évanouir après une alternative de bonheur et de malheur pour lui-même, de bien et de mal pour ceux que le hasard a placés près de lui ; il devient une partie active du grand tout et le coopérateur d'un ouvrage éternel. Dans une existence d'un moment sur un point de l'espace, il peut, par ses travaux, embrasser tous les lieux, se lier à tous les siècles et agir encore longtemps après que sa mémoire a disparu de la terre. » Ainsi, pour Condorcet, la création d'un haut enseignement n'aura pas seulement pour effet de « donner aux individus toute la valeur dont ils sont susceptibles », et par là de rétablir l'égalité naturelle ; elle sera encore un « moyen de perfectionner l'espèce humaine ». Enfin, elle aura un dernier résultat — qui n'est point méprisable — c'est de multiplier les découvertes de toute espèce, de faire jaillir incessamment de nouvelles vérités, dont les applications pratiques accroîtront le pouvoir de l'homme sur la nature et contribueront au bien-être matériel et moral de l'humanité tout entière.

Remarquons d'ailleurs que ces dernières raisons ne s'ajoutent à l'argumentation de Condorcet que pour la renforcer. En réalité, la création d'un haut enseignement se justifie victorieusement, à ses yeux, par les seules considérations égalitaires. Et que l'on ne veuille pas voir, dans cette dialectique, un paradoxe ou un jeu d'esprit. Elle repose au contraire sur une vue profonde et pénétrante de la véritable nature de l'égalité, qui, pour Condorcet, on ne saurait trop le redire, ne consiste pas à appliquer à tous les hommes indistinctement le même traitement, mais à donner à chacun, suivant une formule expressive, « toute la valeur dont il est susceptible ». Voudra-t-on voir encore, dans ce promoteur convaincu d'un enseignement supérieur, l'égalitaire étroit et aveugle qu'on se plaît à montrer en Condorcet? Et toute sa pensée pédagogique ne s'éclaire-t-elle pas d'une vive lumière lorsqu'on relit cette phrase profonde qui résume sa conception de l'égalité? « Les inégalités ont des causes naturelles et nécessaires qu'il serait absurde et dangereux de vouloir détruire ; et l'on ne pourrait même tenter d'en faire disparaître entièrement les effets sans ouvrir des sources d'inégalité plus fécondes, sans porter aux droits des hommes des atteintes plus directes et plus funestes. »

En résumé, cette éducation seule sera vraiment égalitaire qui remplira ces trois conditions : donner à tous les citoyens le minimum d'instruction nécessaire « au bonheur et à l'exercice des droits communs » ou, comme dit encore Condorcet, à « l'indépendance » ; — donner à tous les citoyens une instruction technique et spéciale qui les prépare à la profession pour laquelle ils ont des aptitudes ; — donner à tous les citoyens toute l'instruction compatible avec leurs capacités naturelles et nécessaire au plein développement de leurs talents.

Signalons, pour terminer, une importante conséquence du principe de l'égalité : les femmes doivent recevoir la même instruction que les hommes. Après ce qui précède, cette conclusion ne peut pas nous surprendre. Du moment que l'instruction donnée aux hommes a pour objet principal de développer pleinement la nature et les talents de chacun, Condorcet ne pouvait pas ne pas reconnaître aux femmes le droit de recevoir une semblable instruction. Non pas qu'il ait prétendu, comme on le lui a reproché à tort, les rendre capables d'occuper tous les emplois, faire d'elles des avocats, des ingénieurs et des fonctionnaires. Il n'oublie pas que la fonction de la femme est d'être épouse et mère, et que l'instruction qu'on lui donnera doit s'adapter à cette fonction. Mais, avant d'être épouse et mère, la femme est un être humain, au même titre que l'homme, ayant les mêmes droits naturels que lui (1). Il est donc nécessaire qu'elle obtienne « les mêmes facilités pour acquérir les lumières qui seules peuvent lui donner les moyens d'exercer réellement ces droits avec une même indépendance et dans une égale étendue ». Que les moyens proposés par Condorcet pour assurer aux femmes l'éducation soient tous et de tout point acceptables, nous ne le pensons pas. Mais sur le principe même et les fins de cette éducation, ses idées défient toute critique, ou du moins elles ne sont passibles que des critiques que soulève la philosophie générale du droit naturel, fondement de toute la pédagogie de Condorcet.

Comme nous avons constaté quelques hésitations dans les vues de Condorcet sur la liberté, de même nous devons signaler, dans ses idées sur l'égalité, ou plutôt dans sa conception d'un enseignement égalitaire, un peu d'incertitude. Tout ce qui, d'une part, se rapporte à l'instruction professionnelle et technique, tout ce qui concerne, d'autre part, le haut enseignement, nous semble d'une précision et d'une clarté qui ne laissent rien à désirer. Mais il n'en est pas de même de la conception que Condorcet nous propose d'un enseignement élémentaire, commun à tous les enfants, et dont l'objet, selon lui, est d'assurer l'indépendance. Comment devons-nous au juste nous représenter cet enseignement ? D'abord Condorcet le fait consister dans une

(1) Ces droits naturels de la femme impliquent nécessairement, aux yeux de Condorcet, le droit de vote et l'éligibilité à certaines fonctions publiques.

sorte d'enseignement très élémentaire, comprenant seulement les connaissances de première nécessité, celles qui sont d'un usage courant dans la vie : lecture, écriture, opérations simples d'arithmétique, notions élémentaires d'arpentage, de toisé, etc. Il entend alors, par le mot d'égalité, l'état d'indépendance de l'homme qui, dans la vie quotidienne, se suffit à lui-même. Mais il veut aussi que l'enseignement élémentaire s'attache à faire connaître les lois constitutionnelles du pays, ainsi que les lois civiles et criminelles. Et alors il a en vue principalement l'égalité politique et civile. Tantôt il assigne comme matière à cet enseignement élémentaire les connaissances nécessaires au bonheur, sans dire d'ailleurs avec précision quelles sont ces connaissances. Et ce qu'il semble alors poursuivre, c'est cette égalité dans la jouissance et le bien-être que réclament certains socialistes modernes. Plus tard enfin, précisant mieux sa pensée et serrant de plus près la vérité, — c'est dans son dernier écrit, l'*Esquisse d'un tableau historique des progrès de l'esprit humain*, que nous trouvons cette définition, — il demande que l'enseignement élémentaire donne « à tous l'instruction nécessaire pour se conduire d'après leurs propres lumières », c'est-à-dire les connaissances morales et humaines sans lesquelles on ne saurait être un homme au sens plein du mot. Et, cette fois, c'est bien l'égalité morale et abstraite, fondement et racine de toutes les autres, qu'il aperçoit enfin.

Au fond, le reproche que nous semble encourir la conception égalitaire de Condorcet est le même que nous avons adressé à sa conception libérale.

Un degré de plus dans la spéculation philosophique pouvait assurer à ses théories une clarté et une cohésion entières. S'il avait franchi ce degré, s'il avait approfondi la notion métaphysique d'égalité, il aurait vu que cette notion contient à la fois l'idée de certaines ressemblances foncières entre les hommes, et celle de certaines différences individuelles. Tous les hommes sont semblables, parce qu'en tous également gît l'humanité, c'est-à-dire une volonté libre ; et tous sont différents, parce que leur volonté libre est un centre d'activité capable de développements propres et de formes originales. En somme, l'idée d'égalité repose sur l'idée de liberté. Les hommes sont égaux, non pas parce qu'ils ont des facultés ou des besoins égaux, mais parce qu'ils sont tous des « agents moraux », des « personnes », c'est-à-dire des êtres doués d'une volonté autonome. De ce point de vue, les obscurités que nous avons remarquées dans la pensée de Condorcet se dissipent. La véritable égalité ne consiste pas à départir à tous la même quantité de bonheur — calcul impossible aux psychologues les plus subtils — ni à les placer tous dans une indépendance chimérique, mais à réaliser également en tous l'autonomie de la volonté, à faire de tous des « personnes morales ». L'enseignement élémentaire qu'exige l'égalité ainsi entendue ne doit pas être un enseignement utilitaire et pratique, mais bien un enseignement moral et humain, qui dégage et forme la « personne », qui arme la volonté et éclaire la raison, c'est-à-dire un enseignement éducatif et libéral.

N'oublions pas toutefois que Condorcet a, sinon

clairement établi, du moins pressenti que l'égalité était inséparable de la liberté. C'est l'aperception de cette liaison qui lui a permis de comprendre si bien, en somme, la nature et les conséquences de l'égalité véritable et de la distinguer des chimères égalitaires avec lesquelles, de son temps déjà, on la confondait trop souvent.

De ce mérite il est redevable à la méthode rationnelle et métaphysique qu'il a employée pour construire sa théorie des fins de l'éducation. Il est de mode, depuis Taine, de dénoncer le caractère abstrait et *à priori* des théories philosophiques, politiques, pédagogiques de la Révolution. Et le reproche n'est pas sans doute complètement immérité. Pressés de reconstruire la société sur le plan rationnel et généreux qu'ils avaient conçu, ignorants des réalités qu'une science plus attentive devait plus tard mieux analyser, non initiés à la rigueur des observations méthodiques et des expériences exactes, les hommes de la Révolution ont improvisé, avec une intrépidité et une confiance parfois déconcertantes, les mesures propres à réaliser leur idéal. Plus avertis, nous savons aujourd'hui que pour acheminer la société vers l'idéal conçu par la raison, il faut n'employer que des moyens dictés par la connaissance scientifique des réalités et éprouvés par l'expérience. Mais admettrons-nous, pour cela, que la méthode expérimentale, excellente pour déterminer les *moyens*, puisse prétendre nous dicter les *fins* de notre activité? Ce qui *est* n'est pas nécessairement ce qui *doit être*. La science, qui nous apprend à connaître les faits, n'est pas la même chose que la morale, qui nous enseigne les devoirs. L'expérience renseigne la raison et la conscience, mais n'a aucune autorité pour leur commander. C'est la raison qu'il faut interroger si nous voulons savoir ce que nous devons faire; et nous consulterons la science pour savoir comment nous pourrons le faire.

Le reproche d'idéologie qu'on ne cesse d'adresser à Condorcet nous semble donc immérité. Ou plutôt c'est de cette idéologie même qu'il faut lui faire un mérite, puisque c'est grâce à elle qu'il a réussi à constituer si solidement les grands principes de l'éducation démocratique.

III

Avant de combiner les diverses parties du système général d'instruction le plus propre à réaliser la liberté et l'égalité, Condorcet a dû résoudre certains problèmes préliminaires d'organisation générale, par exemple celui des rapports de l'État et des particuliers, celui de la gratuité ou de la non-gratuité de l'enseignement public, celui de la condition des maîtres.

Disons tout de suite que la grande erreur de Condorcet, dans toutes les questions d'organisation pratique, a été de croire qu'elles pouvaient être résolues par voie de raisonnement et dans l'absolu. Il ne s'est pas rendu compte que, si la méthode abstraite et rationnelle convient dans la détermination de l'idéal, en revanche, c'est l'expérience, l'observation attentive de la réalité qui est seule en mesure de nous renseigner sur la valeur pratique et l'efficacité des moyens techniques de l'éducation. Nous allons surprendre, dans presque tous les problèmes d'organisation traités par Condorcet, ce vice de méthode, source première de presque toutes les erreurs contre lesquelles nous aurons à nous mettre en garde.

Et d'abord, à qui, de l'État ou des particuliers, incombe le devoir d'organiser l'instruction ? Sur cette question, l'attitude de Condorcet est très nette. L'État doit s'abstenir partout où « les volontés individuelles et le concours des intérêts personnels » réussissent à créer des établissements d'instruction satisfaisant à toutes les exigences de la liberté et de l'égalité ; il doit intervenir toutes les fois que l'initiative individuelle fait défaut ou demeure insuffisante. Telle est la règle. L'instruction est donc bien un service d'État, mais un service d'une espèce particulière. Elle rentre dans la catégorie de ces institutions publiques « qui ont un rapport plus direct soit avec la liberté, soit avec des intérêts plus personnels dont chaque homme doit exclusivement rester juge », et, par conséquent, dans l'organisation desquelles « la concurrence doit être respectée, au point de ne pas mettre obstacle à la volonté de ceux qui ne jugeraient pas à propos de profiter des établissements publics ». Que l'État crée donc des établissements d'instruction ; mais que ces établissements ne soient pas exclusifs de ceux « qui peuvent être le résultat d'associations particulières ». Aussi bien, la tâche de l'État demeure-t-elle assez lourde. Il est à présumer, en effet, que les particuliers qui fonderont des écoles songeront plus à leurs propres intérêts qu'à ceux de l'égalité. Ce n'est pas dans les villages pauvres, mais dans quelques villes opulentes, dans celles où ils sont assurés d'une clientèle riche, qu'ils ouvriront leurs établissements. L'instruction des citoyens sans fortune, c'est-à-dire la presque totalité de l'instruction, demeurera donc à la charge de l'État.

Ainsi, Condorcet repousse pour l'État le monopole de l'enseignement. Il le repousse au nom de la liberté, c'est-à-dire au nom de sa philosophie politique. Mais il le condamne aussi pour d'autres raisons qui ne manquent sans doute pas de force, puisque ce sont celles-là mêmes que font encore valoir aujourd'hui la plupart des défenseurs de la liberté d'enseignement. Il croit, en effet, que l'existence simultanée de l'enseignement public et d'un enseignement privé est très favorable au progrès de l'instruction en général et au perfectionnement des méthodes pédagogiques. Les écoles privées, dit-il, « sont le moyen de corriger les vices de l'instruction publique, de suppléer à son imperfection, de soutenir le zèle des maîtres par la concurrence, de soumettre la puissance publique à la censure de la raison des hommes éclairés ». Et, dans le *Rapport* présenté à la Législative, il dit, avec plus de précision encore : « Tout citoyen pouvant former librement des établissements d'instruction, il en résulte pour les écoles nationales l'invincible nécessité de se tenir au moins au niveau de ces institutions privées. » Ainsi, la concurrence des écoles privées, loin de nuire aux écoles publiques, leur est un bienfait.

Autre danger du monopole : il constituerait, pour le « pouvoir public », entendons pour le gouvernement, une tentation permanente de détourner à son profit la force de l'instruction et de la faire servir à des fins « dangereuses pour la liberté et pour le progrès de l'ordre social ». En d'autres termes, le monopole met aux mains de l'État une arme très puissante et par conséquent redoutable : il est plus sûr de la briser d'avance, afin qu'aucun gouvernement, aucun parti ne puisse s'en servir. Condorcet semble avoir pressenti l'Université napoléonienne.

Régime de libre concurrence entre l'État et les particuliers, liberté absolue et sans contrôle laissée à l'enseignement privé, voilà la solution qu'apporte Condorcet au problème de la liberté de l'enseignement. On sait de reste que cette solution ne compte plus aujourd'hui que de très rares défenseurs, et qu'en tout cas elle est repoussée par ceux-là même qui se réclament des mêmes principes philosophiques que Condorcet, nous voulons dire les libéraux. C'est que le système de libre concurrence, quand bien même il serait, au point de vue rationnel et abstrait, le plus conforme aux thèses générales du libéralisme, ne saurait satisfaire les libéraux eux-mêmes, si, en fait, il manque son objet. Ce qui fait la valeur d'un moyen, c'est son efficacité pratique. Or, s'il faut reconnaître, à la décharge de Condorcet, qu'en 1792, la liberté absolue de l'enseignement pouvait être établie sans danger — les congrégations enseignantes de l'ancien régime, abolies par décret, s'étaient dispersées et l'enseignement privé n'existait pour ainsi dire pas; le seul péril était donc du côté du pouvoir, — il est non moins vrai, les faits l'ont prouvé, que, dans des circonstances historiques différentes, une liberté absolue de l'enseignement peut donner aux ennemis de la liberté tout pouvoir et toute sécurité pour travailler à la détruire. Il n'est plus possible, au commencement du xx⁰ siècle, après les leçons de l'histoire, d'identifier, comme le faisait et pouvait le faire Condorcet au commencement du XIXe, la cause de *la liberté* et celle *des libertés*, et de croire que tout ce qu'on ajoute à celles-ci tourne au profit de celle-là. La question se pose en des termes différents suivant les époques. C'est chimère que de vouloir la résoudre dans l'abstrait et une fois pour toutes. Et Condorcet, en prétendant déduire de ses principes théoriques, par la seule voie du raisonnement, une solution définitive, a bien commis, semble-t-il, cette erreur de méthode que nous signalions plus haut.

C'est encore cette même erreur, — mais ici elle a des conséquences moins dangereuses — qu'on peut relever dans ses vues sur la gratuité de l'enseignement public. Il se prononce, en effet, pour la gratuité complète de tous les ordres, ou, comme il les appelle, de tous les « degrés » d'enseignement. Quelles raisons cependant donne-t-il à l'appui de sa thèse? Toutes ne sont pas également fortes. Comment prendre au sérieux celle-ci, par exemple? La gratuité aura pour résultat d'attirer dans les écoles de l'État, non seulement les enfants des « citoyens sans fortune », mais encore ceux des citoyens riches. Pour les pauvres, la chose se comprend de soi. Mais Condorcet se persuade que, les pauvres une fois gagnés, les riches suivront, par un simple calcul d'intérêt : « Dans une République, les riches savent combien il importe à leurs enfants qu'une éducation commune leur prépare de bonne heure des liaisons utiles dans les classes laborieuses et pauvres. » Comme si un intérêt, même évident et considérable, — et ce n'est pas ici le cas — pouvait triompher de la vanité, des préjugés, du « snobisme », si puissants sur tous les hommes, et surtout sur les classes riches. Étrange illusion que celle de Condorcet, et qui fait plus d'honneur à sa générosité d'idéologue qu'à sa perspicacité psychologique !

Voici, cependant, un argument plus solide. Si les maîtres ne sont pas payés par le trésor public, il faut qu'ils le soient par les élèves. Et que d'inconvénients ferait naître, dit Condorcet, un tel mode de rétribution ! En excitant parmi les maîtres une émulation et des jalousies mauvaises, en irritant leur désir « de multiplier des élèves, dont le nombre augmenterait leur revenu », il vicierait l'enseignement tout entier. On pourrait dès lors et on devrait craindre « que les maîtres ne cherchassent à briller plutôt qu'à instruire, que leurs méthodes, leurs opinions même ne fussent calculées d'après le désir d'attirer à eux un plus grand nombre d'élèves, qu'ils ne cédassent à la crainte de les éloigner en combattant certains préjugés, en s'élevant contre certains intérêts ». Certes, le tableau est poussé au noir ; mais, même en le tenant pour exact, quelle conclusion faudrait-il en tirer ? Tout simplement que le traitement des maîtres doit venir, non des élèves, mais de l'État, et qu'il doit être fixé, non pas proportionnellement au nombre des élèves, mais suivant la fonction. Le raisonnement de Condorcet ne prouve donc pas que l'enseignement doive être gratuit à tous les degrés.

Ne nous donnera-t-il pas, en faveur de la gratuité, de raison vraiment décisive ? En voici une du

moins que, dans son amour de l'égalité, il jugeait
telle. La gratuité, d'après lui, est le véritable moyen
de « donner aux enfants des classes pauvres, qui
sont les plus nombreuses, la possibilité de développer leurs talents ». En d'autres termes, si l'on
veut que l'enseignement public réalise sa fin, qui
est d'assurer à tous la jouissance effective de l'égalité, c'est-à-dire, en l'espèce, la jouissance de leur
« droit d'apprendre », comme l'on dit aujourd'hui,
il faut le rendre, à tous ses degrés, largement ac-
cessible aux enfants les plus pauvres, et, par conséquent, le déclarer gratuit. Qui ne voit cependant
que le but poursuivi par Condorcet peut être
atteint par d'autres moyens ? Un système qui,
dégrevant complétement les familles pauvres, exigerait une rétribution de toutes celles qui peuvent
payer ne satisferait-il pas mieux, en somme, aux
exigences de l'égalité ? Ce qui importe, c'est que
le but soit atteint ; et reconnaissons que ce but a
été admirablement fixé par Condorcet. Mais il
importe moins qu'il soit atteint par tel moyen
plutôt que par tel autre ; ou plutôt, c'est le moyen
dont l'expérience aura prouvé l'efficacité pratique qu'il convient de choisir. Or, les faits nous
disent que, en l'état actuel de notre société, la
gratuité absolue de l'enseignement à tous ses
degrés, non seulement imposerait aux finances
publiques des charges qu'elles ne pourraient sup-
porter, mais encore aurait pour résultat d'encombrer les professions libérales, sans profit pour
elles et au plus grand détriment des professions
productrices, commerce, industrie, agriculture, etc.
Qu'il faille, pour rester fidèle au principe de l'éga-

lité, que l'instruction élémentaire soit gratuite. cela est peut-être nécessaire. Que l'instruction supérieure, foyer de découvertes, source de progrès incessants pour la science, dispensatrice de la haute culture, soit, elle aussi, gratuite, on en voit bien les avantages. Que l'instruction secondaire, dont profitent au moins indirectement les citoyens même qui ne la reçoivent pas, et qui, par conséquent, est un bienfait pour la nation tout entière, que cette instruction soit également gratuite, évidemment la thèse peut se soutenir. Mais il faut prendre garde que cette gratuité de tous les ordres d'enseignement, bien qu'inspirée par l'esprit démocratique, ne devienne en fin de compte un péril pour la démocratie. En refusant volontairement toute rétribution, en dégrevant ceux-là même qui pourraient aisément faire les frais de l'instruction de leurs enfants, l'État se prive de ressources importantes qui, consacrées à améliorer la condition des maîtres, assureraient le recrutement d'un personnel d'élite. N'est-il pas à craindre que, réduit à ses seuls deniers, il ne puisse offrir à ses maîtres qu'une situation peu enviable et peu recherchée ? Qui cependant profitera et qui pâtira de l'excellence ou de la médiocrité des maîtres? Les pauvres comme les riches, et, en définitive, la démocratie tout entière.

Quoi qu'il en soit, une chose est certaine, c'est que la gratuité de tous les ordres d'enseignement ne découle pas nécessairement des principes posés par Condorcet. Ce que veulent ces principes, c'est que tout enfant, quelle que soit sa condition, puisse jouir intégralement de son « droit au savoir »; or ce résultat peut être atteint par de larges exemptions de frais d'études et par l'octroi de bourses aussi nombreuses qu'il sera nécessaire.

Aussi bien, Condorcet a-t-il senti lui-même que la gratuité de l'enseignement public était insuffisante pour établir l'égalité devant l'instruction. Bel avantage que la gratuité pour un enfant que, de bonne heure, la pauvreté oblige à gagner son pain ! S'il n'a pas le loisir de fréquenter l'école, que lui importe, à celui-là, qu'elle soit gratuite ou non ? Condorcet l'a bien vu, et lui-même a déclaré que, même la gratuité une fois établie, « la puissance publique n'aurait pas rempli le devoir de maintenir l'égalité et de mettre à profit tous les talents naturels, si elle abandonnait à eux-mêmes les enfants des familles pauvres qui en auraient montré le germe dans leurs premières études ». Il propose en conséquence que les enfants qui ont annoncé le plus de talent dans un degré d'instruction soient appelés à en parcourir le degré supérieur, et entretenus aux dépens du trésor national, sous le nom d'*élèves de la patrie*. Sur le nombre de ces « boursiers nationaux » (dans le *Rapport*, il le fixe à trois mille huit cent cinquante), sur les précautions à prendre dans leur choix (voir le *Deuxième Mémoire*), sur le régime à créer pour eux (dans le *Deuxième Mémoire*, il se prononce pour des « pensionnats » spéciaux), Condorcet a varié d'opinion. Mais il est inutile d'entrer dans le détail de ses vues. Ce que nous voulons seulement retenir, c'est que la gratuité de tous les ordres d'enseignement ne constitue pas, de l'aveu même de Condorcet, un moyen efficace pour assu-

rer l'égalité devant l'instruction. Il est légitime de
se demander dès lors si d'autres moyens ne pourraient pas être tentés.

Reste à résoudre un dernier problème d'organisation générale, le plus difficile de tous, c'est
celui de la nomination des maîtres. Sur cette question, Condorcet s'est rallié successivement à des
systèmes divers. Nous les indiquerons brièvement.
Mais commençons par marquer les points sur
lesquels il n'a pas varié. Deux préoccupations ont
toujours dominé la pensée de Condorcet. La première a été de recruter un personnel offrant toutes
les garanties désirables de capacité et de compétence; la seconde, d'entourer la nomination des
maîtres d'un réseau de précautions assez serré pour
qu'aucune considération politique, aucune influence
de parti ne puisse le traverser.

Et d'abord, dans quelle classe de citoyens faut-il
recruter les maîtres? Ou, en d'autres termes, tous
les citoyens instruits sont-ils également aptes à la
tâche d'éducateurs publics? Non, répond Condorcet. Car il ne suffit pas, pour élever les enfants en vue
de la liberté, — ce qui est l'objet même de l'enseignement public, — de posséder la science, il
faut encore qu'aucun intérêt égoïste, aucun pré-
jugé « héréditaire ou de corps », aucun parti pris
ne fasse dévier la rectitude et l'impartialité du jugement. Ceux-là seuls, par conséquent, pourront être
choisis comme maîtres publics qui sont parfaitement « indépendants ». Condorcet repousse absolument la solution, que beaucoup préconisaient
alors, plus peut-être par des raisons d'économie

que par conviction, de confier l'enseignement public à l'Église ou tout au moins d'admettre les prêtres dans les rangs des instituteurs publics. « Il ne
faut pas, s'écrie-t-il, se laisser séduire par des vues
d'une économie apparente.... C'est surtout entre
les fonctions ecclésiastiques et celles de l'instruction qu'il est nécessaire d'établir une incompatibi-
lité absolue ... Les peuples qui ont leurs prêtres
pour instituteurs ne peuvent rester libres; ils doivent insensiblement tomber sous le despotisme
d'un seul, qui, suivant les circonstances, sera ou le
chef ou le général du clergé. »

Ce n'est pas d'ailleurs le clergé seul que Condorcet frappe d'ostracisme, c'est toute corporation,
quelle qu'elle soit, dont les membres se recrute-
raient eux-mêmes. Et voici par quels considérants
il motive cette exclusion. « Que ces corps soient
des ordres de moines, des congrégations de demi-
moines, des universités, de simples corporations,
le danger est égal. L'instruction qu'ils donneront
aura toujours pour but, non le progrès des lumières, mais l'augmentation de leur pouvoir; non
d'enseigner la vérité, mais de perpétuer les préjugés hostiles à leur ambition, les opinions qui
servent leur vanité. D'ailleurs, quand même ces
corporations ne seraient pas les apôtres déguisés
des opinions qui leur sont utiles, il s'y établirait
des idées héréditaires; toutes les passions de l'or-
gueil s'y uniraient pour éterniser le système d'un
chef qui les a gouvernées, d'un confrère célèbre
dont elles auraient la sottise de s'approprier la
gloire; et dans l'art même de chercher la vérité,
on verrait s'introduire l'ennemi le plus dange-

reux de ses progrès, les habitudes consacrées. »

Ainsi, les maîtres de l'enseignement public doivent être choisis exclusivement parmi les citoyens libres de toute attache avec une corporation, quelle qu'elle soit. Et même cette précaution ne suffit pas. « Il faut encore que ni les maîtres d'une division du territoire, ni même ceux d'un seul établissement, ne forment une association ; il faut qu'ils ne puissent ni rien gouverner en commun, ni influer sur la nomination aux places qui vaquent parmi eux. Chacun doit exister à part, et c'est le seul moyen d'entretenir entre eux une émulation qui ne dégénère ni en ambition, ni en intrigue, de préserver l'enseignement d'un esprit de routine ; enfin, d'empêcher que l'instruction, qui est instituée pour les élèves, ne soit réglée d'après ce qui convient aux intérêts des maîtres. » Ces précautions sont sans doute excessives ; mais leur rigueur même montre à quel point Condorcet avait le sentiment de la responsabilité des maîtres. S'il les a voulus dégagés de toute préoccupation d'intérêt personnel et de tout esprit de corps, c'est que, à ses yeux, ils exercent une sorte de magistrature unique dans la nation, la magistrature de la vérité.

Seuls donc les citoyens indépendants peuvent aspirer à devenir des maîtres de l'enseignement public. Cependant, comment choisira-t-on entre ces citoyens indépendants ? Qui nommera les maîtres, les destituera, les administrera ? Ceux-là seuls, répond Condorcet, qui, d'une part, sont le plus qualifiés pour apprécier les capacités et les aptitudes professionnelles, et qui, d'autre part, soucieux du seul bien de l'enseignement, n'appor-

teront dans leurs choix aucune préoccupation
étrangère, aucun intérêt personnel ou de parti.
C'est dire en termes assez clairs que les gouver-
nants sont impropres à cette tâche. Car, s'il est un
fait incontestable pour Condorcet, c'est que « les
dépositaires de la puissance publique resteront
toujours à une distance plus ou moins grande du
point où sont parvenus les esprits destinés à augmenter la masse des lumières ». Tout pouvoir est,
par nature, retardataire. Il est donc incompétent
en matière d'instruction; et ce n'est pas lui qui
peut bien apprécier la valeur professionnelle des
maîtres.

Aussi bien, le gouvernement a un intérêt trop
évident à faire « enseigner des opinions favorables
à sa perpétuité » pour que cet intérêt n'influe pas sur
ses choix. Il serait fatalement conduit à nommer,
à récompenser, à favoriser en un mot les maîtres
dont les opinions serviraient le mieux son désir de
dominer et de durer. Pour toutes ces raisons, il est
nécessaire d'assurer à l'instruction « une indépendance absolue de tout pouvoir social ».

Ce n'est pas seulement au pouvoir proprement
dit — Assemblée des représentants et pouvoir
exécutif — qu'il convient de soustraire la nomination des maîtres, c'est encore à tous les « corps
administratifs déjà chargés des fonctions publiques ». Ainsi Condorcet nourrit contre tout ce qui
touche, de près ou de loin, au pouvoir, une défiance
insurmontable; et son souci le plus constant est de
protéger les maîtres contre toute ingérence et
toute influence d'ordre politique. Il prend bien soin
toutefois de faire remarquer que « cette indépen-

dance de l'enseignement ne peut effrayer personne » ; car « les abus y seront à l'instant corrigés par le pouvoir législatif, dont l'autorité s'exerce immédiatement sur tout le système de l'instruction ».

Puisque le gouvernement n'est pas qualifié pour nommer les maîtres, à qui donc confier ce soin ? Aux hommes éclairés, répond Condorcet : car de tels hommes, outre qu'ils sont seuls compétents pour juger des capacités, sont aussi les seuls qui, n'étant pas aveuglés par un intérêt politique, s'efforceront de régler leur choix sur le bien de l'enseignement. En conséquence, Condorcet propose la création, dans chaque département, d'une « société savante », formée des hommes les plus éclairés et se recrutant elle-même. Ces sociétés savantes auront pour attribution de dresser, pour chacun des *degrés* d'instruction, une liste des maîtres aptes à donner l'enseignement. Puis, sur cette liste de candidats, les chefs de famille ou leurs représentants éliront, à la majorité des suffrages, les maîtres chargés, dans les divers ordres d'enseignement, « des matières destinées à tous les enfants ». Toutefois, les maîtres chargés des enseignements spéciaux et pour ainsi dire techniques seront nommés directement par la société savante, les parents ou leurs représentants étant inaptes à juger la valeur et la science de ces maîtres.

Tel est le mode de nomination que proposait Condorcet dans les *Mémoires*. Mais il s'aperçut bientôt qu'il serait dangereux, aussi bien pour l'enseignement lui-même que pour les maîtres, de conférer aux familles des droits si étendus. Dans le

Rapport, il modifia ces dispositions. Il demanda la création d'une « Société nationale des sciences et des arts », à qui serait remis le choix des maîtres du degré le plus élevé de l'enseignement. Les maîtres de cet enseignement, à leur tour, choisiraient ceux du degré inférieur, et ainsi de suite jusqu'à l'enseignement primaire. De cette façon, chacun des degrés de l'enseignement est recruté et administré par le degré qui vient immédiatement au-dessus de lui. Supposons ce système en vigueur aujourd'hui. Les instituteurs seraient nommés, inspectés, administrés par les professeurs des écoles primaires supérieures, ceux-ci par les professeurs des lycées, les professeurs des lycées par les professeurs des Universités, ces derniers enfin par les membres de l'Institut. Il convient d'ajouter toutefois que, pour les deux degrés inférieurs de l'enseignement, Condorcet demandait qu'il fût tenu compte, dans les nominations, de l'opinion des pères de famille ou de leurs représentants ; car, « si dans le choix d'un professeur il faut préférer le plus savant, le plus habile, dans celui des instituteurs, où les élèves sont plus jeunes, où les qualités morales du maître influent sur eux davantage, où il ne s'agit que d'enseigner des connaissances très élémentaires, on doit prendre pour guide l'opinion » ou des parents ou de leurs représentants immédiats.

Dans ces deux systèmes, on le voit, la préoccupation dominante de Condorcet est de placer les maîtres dans un état d'indépendance entière par rapport au pouvoir. C'est l'État qui fonde et soutient les écoles, qui paye les maîtres ; mais à cela se borne son rôle ; il a le devoir de faire donner l'enseignement ; mais il n'a aucune espèce de droit sur ceux qui le donnent.

Cette défiance à l'endroit du pouvoir, Condorcet la conserva aussi longtemps que dura la monarchie. Mais encore une fois il modifia ses idées sur ce point, ou plutôt les événements se chargèrent de les modifier. En septembre 1792, la république fut proclamée. Et Condorcet dut reconnaître que les solutions auxquelles il s'était rallié dans ses cinq *Mémoires* et dans le *Rapport*, si elles convenaient bien à une certaine organisation politique, ne s'adaptaient plus à une organisation différente. En un mot, il s'aperçut que les problèmes pratiques de la pédagogie dépendent des faits et des circonstances. Il fut donc amené à déclarer, dans les notes dont il accompagna son *Rapport*, réimprimé par ordre de la Convention, en 1793, que, s'il était très important, « lorsque le gouvernement était entre les mains d'un roi héréditaire, de lui ôter toute influence sur l'instruction », « ce motif ne subsistait plus » dans un régime républicain. Tout en maintenant que l'enseignement lui-même devait être « soustrait à toute autorité politique », il acceptait que, pour les maîtres des trois degrés inférieurs de l'enseignement, l'on confiât au pouvoir, émanation du peuple, non pas la prérogative de décider des capacités professionnelles, mais au moins celle de choisir entre les citoyens reconnus aptes à l'enseignement, c'est-à-dire de nommer les maîtres en dernier ressort.

On sera sans doute étonné que Condorcet n'ait pas songé au système des concours, c'est-à-dire au système adopté aujourd'hui, non seulement en France, mais dans la plupart des nations européennes. Il y a bien pensé, mais pour l'écarter. Il y découvre, en effet, de graves inconvénients. Un concours, dit-il, ne peut être que « public ou privé », entendons que la décision doit y être confiée soit au public, à tous les assistants, soit à un jury compétent. Les inconvénients du concours public sautent aux yeux ; le public est manifestement incapable de prononcer sur la valeur des candidats. Quant au concours privé, qui « se fait en particulier devant des juges éclairés, il ne peut devenir qu'un moyen de jeter de l'incertitude sur ce jugement et de lui ôter la confiance, par une opposition nécessaire entre le choix fait par les juges et ce que rapporteront du concours ceux qui n'ont pas été préférés ». D'ailleurs un concours, qu'il soit public, qu'il soit privé, ne peut assurer un bon choix lorsque, comme c'est le cas ici, « il ne s'agit pas de décider du degré plus ou moins grand d'une seule qualité, mais d'un ensemble de qualités diverses et même indépendantes ». Sans doute, Condorcet exagère les inconvénients des « concours privés ». Ceux qu'il dénonce, le premier surtout, n'existent qu'en théorie ; il ne semble pas que l'expérience que nous avons faite de ce système les ait révélés dans la pratique. Bien loin que les concours soient discrédités, ils inspirent un respect quasi superstitieux. En somme, sur ce point de pratique comme sur plusieurs autres, Condorcet apporte trop d'affirmations *à priori* et arbitraires. Sa confiance en la valeur de ses déductions nous paraît décidément trop éloignée de la prudente réserve, de l'observation attentive des faits, de la soumission aux leçons de l'expérience que requièrent les problèmes techniques.

Toutefois, même lorsqu'il se trompe, il ne se trompe jamais complètement; de ses erreurs même sortent pour nous des enseignements. Les systèmes qu'il a proposés pour la nomination des maîtres ne sont pas à l'abri des objections et des critiques. Au moins a-t-il bien compris et fortement établi qu'il n'y aurait de bon système de nomination et d'administration que celui qui éliminerait toutes autres considérations que celles de la valeur professionnelle des maîtres et du bien de l'enseignement. Oserait-on soutenir qu'un système qui remet aux mains des préfets la nomination des instituteurs est plus conforme que ceux de Condorcet à l'esprit de liberté?

IV

Entrons maintenant dans le détail du plan d'instruction publique, si justement admiré, qu'a tracé Condorcet. Nous suivrons, pour cet exposé, le *Rapport* et le *Projet de décret* plutôt que les *Mémoires*. Car, obligé de proposer au vote de la Législative un ensemble de mesures pratiques, Condorcet a dû donner à sa pensée une forme plus concrète, la préciser sur bien des points. Et d'autre part, entre ses *Mémoires* et son *Rapport*, Condorcet a connu et étudié le plan que, le 10 septembre 1791, Talleyrand présenta à l'Assemblée Constituante. Le *Rapport* et le *Projet de décret* nous offrent donc la pensée de Condorcet, sinon aussi personnelle et aussi spontanée que dans les *Mémoires*, du moins complétée et revisée en vue d'une fin pratique.

Condorcet, nous l'avons vu, a proposé à l'instruction publique une triple fin : enseigner à tous les citoyens les connaissances nécessaires à l'exercice des droits communs et à la jouissance paisible de l'indépendance; donner à chacun le savoir technique en vue d'une profession déterminée; enfin, assurer à chacun la culture qui développera pleinement ses « talents naturels ». A la première de ces fins répond la création d'un enseignement élémentaire, commun à tous les enfants, sans aucune distinction de rang ni de fortune. Il est clair, en effet, qu'une société qui prétend assurer à tous ses membres leurs droits naturels, est tenue de leur distribuer à tous également les connaissances sans lesquelles ils ne pourraient connaître ni exercer ces droits. Ce minimum de connaissances est l'objet nécessaire de l'instruction élémentaire dans une démocratie.

Mais si cet objet essentiel de l'instruction publique apparaît comme assez facilement réalisable, il n'en est pas de même pour les deux autres fins qui lui ont été assignées. Développer « les talents naturels » de chaque élève : on voit de suite combien de difficultés surgissent autour de cette formule. Pour les développer, ces talents naturels si inégaux et divers, il faut que l'instruction varie selon leur nature et leur puissance, qu'elle se diversifie pour ainsi dire avec chaque individu. Il faut, d'autre part, qu'elle soit proportionnée au temps que chacun, suivant sa situation de fortune, peut donner aux études. On est donc conduit, pour « avoir égard à ces différences, à établir divers degrés d'instruction gradués d'après ces vues, de manière que chaque élève parcoure plus ou moins de degrés, suivant qu'il pourra y employer plus de temps et qu'il aura plus de facilité pour apprendre ». Quatre *degrés* d'instruction paraissent à Condorcet suffisants pour assurer cette culture générale de tous les talents et de toutes les aptitudes, depuis les plus modestes jusqu'aux plus exceptionnels.

Il en va de même pour l'instruction technique nécessaire à l'exercice d'une profession déterminée ; elle ne saurait, elle non plus, être identique pour tous, il faut, au contraire, la différencier en autant de « cours » spéciaux qu'il y a de professions ou tout au moins de groupes de professions. Remarquons-le : Condorcet n'entend pas que cette instruction technique soit manuelle ; « il n'est pas question d'enseigner à faire des bas ou des étoffes, à travailler le fer ou le bois » — en un mot, il ne confond pas l'instruction avec l'apprentissage. Dès lors, il est possible de répartir les diverses professions, suivant leurs analogies, en quelques groupes nettement tranchés. Encore est-il que, pour chacun de ces groupes, l'instruction doit être différente. Condorcet propose donc, d'une part, d'insérer dans les deux premiers *degrés* d'instruction, un certain nombre de connaissances utilisables dans les diverses professions ; d'autre part, d'organiser les études du troisième et du quatrième *degrés*, de manière que chaque élève, tout en recevant l'instruction générale la plus propre à développer ses talents naturels, y trouve en même temps les cours spéciaux qui le prépareront à la profession de son choix.

Le système d'instruction publique proposé par Condorcet comprend donc quatre *degrés*. A la base, un enseignement élémentaire que recevront tous les citoyens également. Sur cette large assise, se superposent trois degrés d'enseignement organisés de manière que chacun d'eux soit une préparation immédiate au suivant. Enfin, au-dessus de ces quatre degrés, Condorcet en établit un cinquième, destiné moins à l'enseignement proprement dit qu'à l'administration générale de l'instruction publique et au perfectionnement des sciences et des arts.

Nous allons parcourir l'un après l'autre ces cinq *degrés* d'instruction. Mais il ne sera pas inutile auparavant de rappeler en quelques mots quel était alors l'état de l'instruction en France. La simple comparaison de ce qui était et de ce que Condorcet propose fera ressortir en pleine lumière, mieux que tous les commentaires et tous les éloges, la nouveauté, l'originalité, la hardiesse singulière du plan d'Instruction publique.

Nous connaissons assez bien le nombre et l'organisation des écoles à la veille de la Révolution. Elles ont été minutieusement étudiées dans de nombreux ouvrages d'où sont rarement absentes les préoccupations polémiques, mais d'où l'on peut cependant extraire des faits et des documents. Ce qui ressort avec évidence de ces travaux et de cette enquête, c'est que les écoles de l'ancienne monarchie, ces écoles issues du régime de libre initiative que l'on nous vante aujourd'hui, non seulement ne suffisaient pas aux besoins du pays, mais encore étaient manifestement au-dessous de l'état des mœurs et du progrès des sciences.

L'enseignement primaire était le plus insuffisant. Sans doute, les « petites écoles », comme on les appelait alors, tenues, pour la plupart, par le curé de la commune, étaient assez nombreuses dans les provinces du nord et de l'est. Mais, presque partout ailleurs, elles manquaient. C'est une plainte générale sur le petit nombre des écoles que font entendre les cahiers de 1789. D'ailleurs, celles qui existaient rendaient peu de services. La plupart n'étaient ouvertes que pendant les trois ou quatre mois d'hiver. Les études y étaient extrêmement sommaires : lecture, écriture, éléments du calcul, catéchisme, c'était là tout leur programme. Comment aurait-il pu en être autrement? Les curés étaient plus soucieux de répandre les enseignements de l'Église que d'instruire leurs ouailles dans les sciences profanes. Quant aux maîtres laïques, peu rétribués, exerçant conjointement d'autres métiers, méprisés d'ailleurs, ils étaient presque aussi ignorants que leurs élèves.

Au-dessus des « petites écoles », et plus florissants qu'elles, étaient les collèges, où se donnait l'enseignement secondaire. Il y en avait, en 1789, 562, recevant une population de 70 747 élèves, si l'on en croit la statistique dressée par Villemain. Mais il ne faudrait pas que ces chiffres nous fissent illusion. Beaucoup de ces collèges se soutenaient à peine. Ceux qui étaient florissants ne s'ouvraient qu'aux fils des familles nobles et même excluaient tous les non catholiques. Le latin y faisait le fond des études. L'histoire, la géographie, la langue française y étaient à peine enseignées. Dans les deux dernières années, apparaissaient la philosophie et les sciences, mais quelle philosophie et quelles sciences! La logique des scolastiques, les éléments des mathématiques, voilà tout ce qu'enseignaient les maîtres de ces collèges. Ni la physique expérimentale, ni la chimie, ni l'histoire naturelle, ni l'astronomie, ni cette philosophie naturelle qui renouvelait alors l'esprit du siècle n'avaient pu réussir à s'infiltrer même dans ces immuables programmes.

Les Universités enfin, où se donnait l'enseignement supérieur, n'étaient pas plus prospères. Il y en avait 22; mais presque toutes étaient bien déchues de leur antique renom et beaucoup se mouraient. Les Facultés de théologie n'existaient presque plus; celle de Paris, dont toute l'ardeur se dépensait à condamner les grandes œuvres scientifiques et philosophiques du XVIII° siècle, était déconsidérée. Dans les Facultés de droit, les étudiants n'apparaissaient que le jour des examens. Quant aux Facultés de médecine, elles n'étaient guère mieux partagées; la plus active, celle de Montpellier, ne comptait pas cent étudiants. En somme, ces Universités étaient comme en marge du progrès scientifique et philosophique. Non contentes d'y demeurer étrangères, elles s'efforçaient de l'enrayer. Jamais disconvenance plus complète n'exista entre l'état des connaissances et le haut enseignement.

Un enseignement primaire misérable, un enseignement secondaire formel et vide, un enseignement supérieur enlizé dans la routine, point d'enseignement primaire supérieur : voilà donc ce que l'ancien régime léguait aux réformateurs de la Constituante et de la Législative. Il ne s'agissait pas de reviser, de refondre, mais bien de créer de toutes pièces un système d'éducation. Pour construire son plan d'instruction publique, Condorcet a donc dû prendre son point d'appui, non dans le passé ni dans le présent, mais dans l'avenir.

Condorcet, disions-nous, divise donc l'instruction publique en cinq *degrés*. Le premier *degré* correspond à notre enseignement primaire. Comme il est destiné à tous les enfants, il faut qu'il puisse les admettre tous, et, pour cela, il est nécessaire de multiplier les écoles. Tout village comptant quatre cents habitants devra posséder une école et un maître. « Dans les villes ou dans les villages d'une population nombreuse, on aurait plusieurs maîtres, dont le nombre se réglerait sur celui des élèves. On ne pourrait passer deux cents enfants pour chaque maître ». Deux cents élèves pour un maître ! Comme on voit bien que Condorcet ignore ce qu'est une classe !

Quel est cependant l'objet qu'il assigne à cet enseignement primaire ? C'est, nous l'avons vu, de distribuer à chaque citoyen les connaissances qui lui assureront « l'indépendance », c'est-à-dire, qui le mettront en état de « se conduire soi-même sans avoir recours à aucune raison étrangère », de jouir de ses droits naturels, d'exercer un métier rémunérateur, en un mot de ne dépendre que de soi-même dans les actes ordinaires de la vie économique, intellectuelle, morale, sociale. Voilà, pour l'enseignement primaire, des ambitions hautes, sans doute, mais non démesurées. Mettons en regard l'organisation que propose Condorcet. La durée des études sera de quatre ans ; « on enseignera à lire, à écrire, ce qui suppose nécessairement quelques notions grammaticales ; on y joindra les règles de l'arithmétique, des méthodes simples de mesurer exactement un terrain, de toiser un édifice, une description élémentaire des productions du pays, des procédés de l'agriculture et des arts (entendons des arts mécaniques), le développement des premières idées morales et des règles de conduite qui en dérivent ; enfin, ceux des principes de l'ordre social qu'on peut mettre à la portée de l'enfance. »

Au premier abord, les objections se pressent contre ce plan d'enseignement primaire. Ne nous hâtons pas cependant. Condorcet, nous allons le voir, les a prévues et il y a répondu par avance. — Et d'abord, objectera-t-on, ce programme d'études primaires n'est-il pas trop étendu? Est-il possible qu'un enfant de facultés moyennes puisse, en quatre ans, se rendre maître d'un si grand nombre de connaissances? Il ne faut pas oublier que, bien inférieur en cela aux élèves de nos écoles primaires, l'enfant qui entre à l'école du premier *degré*, ignore tout, ne sait ni lire, ni écrire. Or, qu'on interroge un de nos instituteurs : il dira combien de temps est nécessaire pour enseigner, même à des enfants sachant lire et écrire, les éléments de la langue ou de l'arithmétique ; avec quelle patience, quelle prudence, il faut procéder ; que de retours en arrière, que de recommencements suspendent le progrès ; il nous confirmera que, dans nulle période de l'enseignement plus que dans celle-là, il n'est nécessaire de savoir, selon le mot de Rousseau, perdre du temps.

A cette critique, Condorcet répond en affirmant qu'il existe « des moyens de simplifier les méthodes, de mettre les vérités à la portée des enfants ». On aimerait qu'il en eût indiqué quelques-uns. Mais il faut convenir toutefois qu'un plan d'instruction publique ne comportait pas l'exposé détaillé de méthodes pédagogiques.

La seconde objection, contradictoire seulement

en apparence avec la première, c'est que ce programme d'études est manifestement insuffisant. Comment admettre qu'il suffise de posséder les connaissances élémentaires qu'il contient pour se trouver aussitôt capable d' « indépendance », au sens si riche et si plein que Condorcet donne à ce mot? La disproportion éclate, évidente, entre le but et les moyens. — Certes, l'objection est forte, et Condorcet, si optimiste que fût sa conception des choses, ne pouvait pas n'en être pas frappé. Oui, accorde-t-il, j'ai « resserré trop les limites de l'instruction destinée à la généralité des citoyens ». Mais l'état présent de la société ne permet pas de les étendre davantage. Il est nombre d'enfants trop pauvres pour pouvoir donner plus de quatre années aux études, et, d'autre part, la modicité des ressources financières que l'on peut affecter à l'instruction empêche une organisation plus complète, qui exigerait un plus grand nombre de maîtres. Mais on peut, on doit espérer pour l'enseignement primaire un avenir meilleur. « Lorsque l'amélioration de l'état du peuple, la distribution plus égale des fortunes, suite nécessaire des bonnes lois », auront fait à tous les citoyens des loisirs qu'ils pourront consacrer à s'instruire; « lorsque la diminution de la dette et celle des dépenses superflues permettra de consacrer à des emplois vraiment utiles une plus forte portion des revenus publics », alors il sera possible d'enrichir, d'étendre l'enseignement primaire, de faire de lui un enseignement complet et vraiment digne de sa mission. Mais ce temps n'est pas encore venu. — On le voit, l'homme d'État, en Condorcet, prend ici le pas sur le théoricien, et ce n'est pas nous qui lui en ferons un reproche. La vue claire des réalités et des possibilités est chez lui chose assez rare, pour qu'on ne l'accuse point, lorsqu'il compte avec les faits, d'avoir trop peu d'égard aux principes.

Condorcet a du reste fait à cette objection une plus topique réponse. Non content de concevoir pour l'avenir et de souhaiter une organisation plus vaste et plus complète de l'enseignement primaire, il s'est efforcé d'étendre, dans la mesure du possible, les limites de celle qu'il proposait. Il a si bien voulu pour le peuple une large instruction vraiment éducative, qu'il a demandé, comme suite aux quatre années d'études primaires, la création d'un véritable enseignement post-scolaire. Tout ce que nous entendons aujourd'hui par le mot d' « œuvres complémentaires de l'école », cours d'adultes, conférences, écoles du dimanche, Condorcet, nous le verrons, en est le promoteur. Qu'on ne lui reproche donc pas d'avoir réservé au peuple une trop petite part de ces « lumières » qu'il rêvait de répandre à flots. Il n'a pas fixé la définitive formule de l'enseignement primaire — mais qui pourrait se flatter de la fixer, s'il faut prévoir un temps où, tous les citoyens recevant l'éducation que nous appelons secondaire, l'enseignement primaire aura disparu avec notre état social aboli? Mais, en réclamant, pour l'éducation du peuple, le maximum de ce que son temps pouvait accorder, Condorcet a fait tout ce qui dépendait de lui pour hâter ce moment où la science, patrimoine commun de tous les hommes, appartiendrait vraiment à tous.

Le deuxième *degré* d'instruction correspond à peu près, quant à la place qu'il occupe dans la hiérarchie des enseignements, à notre enseignement primaire supérieur. C'est seulement dans le *Rapport* et le *Projet de décret* que Condorcet a prévu la création de ce deuxième degré. Dans les *Mémoires*, il ne distinguait pas l'enseignement primaire supérieur de l'enseignement secondaire. Ce deuxième degré d'instruction est constitué par ce que Condorcet appelle les « écoles secondaires ». « Chaque district (c'est-à-dire chaque arrondissement) et, de plus, chaque ville de 4000 habitants aura une de ces écoles secondaires. » En effet, « ce degré d'instruction pouvant encore, à quelques égards, être envisagé comme universel, ou plutôt comme nécessaire pour établir, dans l'enseignement universel, une égalité plus absolue », il importe de multiplier le plus possible ces écoles, de manière à les mettre à la portée de « ceux qui ne se trouvent pas assez riches pour déplacer leurs enfants ».

Ce deuxième degré d'instruction, destiné « aux enfants dont les familles peuvent se passer assez longtemps de leur travail et consacrer à leur éducation un plus grand nombre d'années », aura une durée de trois ans. L'enseignement sera commun à tous les élèves. Il se composera : « 1° des notions grammaticales nécessaires pour parler et écrire correctement, de l'histoire et de la géographie de la France et des pays voisins ; 2° des principes des arts mécaniques, des éléments pratiques du commerce, du dessin ; 3° de développements sur les points les plus importants de la morale et de la science sociale, avec l'explication des principales lois et des règles des conventions et des contrats ; 4° de leçons élémentaires de mathématiques, de physique et d'histoire naturelle, relatives aux arts, à l'agriculture et au commerce. » Ajoutons que chacune des écoles secondaires sera pourvue d'une petite bibliothèque, et d'un « cabinet où l'on placera quelques instruments météorologiques, quelques modèles de machines ou de métiers, quelques objets d'histoire naturelle ».

Entre ce deuxième degré d'instruction et notre enseignement primaire supérieur, les différences sautent aux yeux. Tandis que notre enseignement primaire supérieur forme un tout complet, parfaitement déterminé et se suffisant à lui-même, le deuxième degré d'instruction n'est, dans le plan de Condorcet, qu'une simple transition entre le premier et le troisième degré. Les enfants qui sortent de nos écoles primaires supérieures, munis à la fois d'une culture générale et d'une instruction spéciale, sont aptes à devenir, comme on l'a dit, les sous-officiers de l'armée du travail. Au contraire, l'élève qui sort de l'école secondaire de Condorcet, s'il a acquis une instruction générale, n'est préparé à aucune profession déterminée ; il n'est prêt qu'à entrer dans le troisième degré. Mais est-il bien sûr que notre système soit, sur ce point, préférable à celui de Condorcet ? Sans doute, il n'est pas mauvais d'approprier les divers enseignements à une destination particulière. Mais cependant, ne faut-il pas craindre qu'un enseignement trop soucieux de donner aux élèves le savoir et l'expérience techniques, ne cesse d'être un enseignement, au vrai sens du mot, et ne tourne à l'apprentissage ? Or, la conséquence de cette déviation possible de l'enseignement primaire supérieur est grave : ce serait la spécialisation prématurée des esprits, leur rétrécissement, et, finalement, leur indifférence pour tout ce qui n'intéresse pas directement la profession journalière. Si les connaissances techniques, le savoir spécial arrivaient à encombrer notre enseignement primaire supérieur au point d'y réduire la partie générale, on formerait peut-être encore de bons artisans, de consciencieux chefs d'atelier ; mais on aurait éteint, dans cette portion du peuple, toute curiosité désintéressée, tout vif désir d'apprendre encore ; on aurait voué à l'engourdissement des intelligences en qui peut-être une instruction plus large, moins immédiatement utile, eût suscité de précieuses activités. C'est peut-être une nécessité de notre état social actuel que nos divers ordres d'enseignement soient si nettement différenciés et répondent à des besoins si précis. On peut regretter toutefois qu'ils y répondent trop parfaitement. Car, là est sans doute la cause pour laquelle, une fois sortis des écoles, nos jeunes gens laissent voir, pour continuer à s'instruire, si peu d'ardeur et d'initiative. Quelle ingéniosité et quels efforts n'a-t-il pas fallu pour les attirer, ou plutôt pour les attacher aux œuvres post-scolaires, dont les plus prospères sont justement celles qui s'occupent le moins d'instruction proprement dite ? Les *degrés* de Condorcet, au contraire, s'ils sont plus indéterminés, plus flottants que nos modernes enseignements, s'ils ne distribuent pas une instruction immédiatement utilisable dans telle ou telle profession, en revanche sont plus propres à faire cette éducation générale de l'esprit, et à stimuler en lui ce besoin d'apprendre qui est le meilleur fruit des études. Il est à croire que les élèves qui en seraient sortis, la curiosité éveillée, mais non satisfaite, seraient accourus en foule, devenus hommes, à ces conférences, à ces cours du dimanche, complément indispensable de l'école, dont Condorcet demandait la création.

Ceux des élèves du deuxième *degré* qui peuvent poursuivre leurs études entrent dans les établissements du troisième *degré*, que Condorcet nomme les *Instituts*. On sait qu'une organisation de ce genre, grâce à laquelle les barrières qui séparent aujourd'hui l'enseignement primaire et l'enseignement secondaire seraient supprimées, celui-ci devenant la suite naturelle et le prolongement de celui-là, est réclamée aujourd'hui par beaucoup d'excellents esprits. Elle a, il est vrai, de nombreux adversaires, et tous ceux d'abord qu'assujettissent aux formes actuelles d'enseignement une routine ou des préjugés souvent peu respectables. D'autres cependant opposent au système de l'unification de l'enseignement public à sa base un argument plus valable. Il n'est pas possible, disent-ils, d'enseigner les mêmes connaissances, par les mêmes méthodes, aux enfants qui doivent quitter l'école à douze ans, et à ceux qui prolongeront leurs études jusqu'à dix-huit ans. Aux premiers, il convient d'apprendre, par les moyens les plus directs et les plus prompts, toutes les connaissances morales et pratiques nécessaires à la vie quotidienne. Force est, pour ceux-là, de courir au plus pressé, en sacrifiant l'agréable à l'utile, l'utile à l'indispensable. Au contraire, l'élève devant qui s'ouvrent de longues années d'étude peut et doit être soumis à une discipline plus sévère. L'instruire serait trop peu ; il faut lui apprendre comment on s'instruit, il faut lui donner une méthode de penser. De là, au début même de l'enseignement, une orientation différente, un autre esprit.

Sans discuter cet argument, dont la force ne paraît pas niable, remarquons toutefois qu'il ne vaut pas contre le système de Condorcet. Peut-être notre enseignement primaire, chargé de l'œuvre entier de l'instruction, ne livrerait-il, en effet, à l'enseignement secondaire que des esprits mal préparés à une culture plus complète et plus raffinée. Mais n'oublions pas que l'élève qui, selon le projet de Condorcet, entre dans un Institut (c'est-à-dire dans un établissement analogue à notre Lycée), a derrière lui sept années d'études, quatre ans du premier degré, trois ans du deuxième degré. Il a donc, sur l'élève sortant d'une de nos écoles primaires, cet avantage d'une instruction plus approfondie, d'une culture plus avancée.

En outre, l'enseignement du deuxième degré, dans le projet de Condorcet, est, nous l'avons vu, orienté surtout vers l'instruction générale. Sans perdre de vue la vie et ses besoins immédiats, il prétend commencer, sinon avancer beaucoup, la tâche difficile et longue qu'est l'éducation des esprits. L'élève formé par les deux premiers degrés d'instruction serait, pour ces raisons, assurément plus apte à recevoir l'enseignement du troisième degré qu'un élève de notre enseignement primaire à recevoir celui de nos lycées. N'accusons donc pas Condorcet de méconnaitre les nécessités différentes de l'instruction primaire et de l'instruction secondaire. Un tel reproche ne serait qu'une pétition de principe, puisqu'il tient pour accordé ce qui justement est le point en question. Condorcet a cru que chacun des degrés de l'instruction devait, non se suffire entièrement à lui-même, mais être une préparation directe et comme une amorce au degré supérieur, et c'est dans cette vue qu'il a organisé son plan tout entier. Ce n'est pas ruiner sa conception, dont les avantages sont assez frappants, que de lui opposer notre organisation actuelle avec les siens.

Les établissements du troisième degré ou *Instituts* sont au nombre de cent dix. Condorcet voulait qu'il y en eût un dans chacun des quatre-vingt-trois départements, et vingt-sept répartis dans les villes les plus importantes. Sans doute, ce troisième degré d'instruction ne pourra pas être suivi par tous les enfants ; mais, comme les études que l'on y fait ne requièrent, en somme, que des capacités moyennes, il sera fréquenté cependant par un nombre assez considérable d'élèves ; on devra, en conséquence, multiplier le plus possible les *Instituts*. On y enseignera, « non seulement ce qu'il est utile de savoir comme homme, comme citoyen, à quelque profession qu'on se destine ; mais aussi tout ce qui peut l'être pour chaque grande division de ces professions, comme l'agriculture, les arts mécaniques, l'art militaire ; et même on y a joint les connaissances médicales nécessaires aux simples praticiens, aux sages-femmes, aux artistes vétérinaires ». Ainsi, tandis que les deux premiers degrés d'instruction distribuaient presque uniquement des connaissances générales, communes, utiles à tous les élèves également, dans le troisième degré commence la spécialisation, et même, à notre sens, une spécialisation excessive.

Dans ses *Mémoires*, Condorcet, se tenant à des vues plus modérées, conservait à l'enseignement des Instituts un caractère de généralité. Les matières qui en faisaient le fond étaient les mêmes que celles du second degré d'instruction. A côté de cet enseignement général, commun à tous les élèves, étaient organisés des cours spéciaux et facultatifs, d'une durée d'un ou de deux ans, dans lesquels étaient enseignées, avec plus de détail et d'étendue, les sciences nécessaires aux diverses professions. En somme, les cours spéciaux constituaient l'accessoire, non le fond même de l'enseignement.

Dans le *Rapport*, au contraire, Condorcet s'est laissé influencer par les vues que Talleyrand avait développées, l'année précédente, dans son *Rapport* à l'Assemblée Constituante. Celui-ci, tout en déclarant que la destination des « écoles moyennes » — c'est ainsi qu'il appelait les établissements désignés par Condorcet sous le nom d'Instituts — devait être la culture générale des facultés, avait abandonné, dans l'organisation des études, le système des *classes*, usité dans les collèges de l'ancien régime, et qui seul convient à un enseignement général, pour adopter le système des *cours*, qui aboutit forcément à la différenciation des études et à la spécialisation des élèves. Condorcet, à son tour, commet dans son *Rapport* la même erreur pédagogique, et, tout en maintenant que l'objet du troisième degré d'instruction doit être la culture générale des facultés, il organise néanmoins les études, dans les Instituts, comme Talleyrand dans les « écoles moyennes », d'après le système des *cours*. « L'enseignement, dit-il, y sera partagé par cours, les uns liés entre eux, les autres séparés, quoique faits par le même professeur. La distribution en sera telle, qu'un élève pourra suivre à la fois quatre cours, ou n'en suivre qu'un seul ; embrasser, dans l'espace de cinq ans environ, la totalité de l'instruction, s'il a une grande facilité ; se borner à une seule partie dans le même espace de temps, s'il a des dispositions moins heureuses. On pourra même, pour chaque science, s'arrêter à tel ou tel terme, y consacrer plus ou moins de temps ; en sorte que ces diverses combinaisons se prêtent à toutes les variations de talents, à toutes les positions personnelles. » Ces derniers mots le prouvent clairement, l'Institut est une véritable école spéciale, dans laquelle le jeune homme devra, dès son entrée, choisir entre les diverses matières qui font l'objet des cours, et se spécialiser à l'âge où, souvent, l'on ignore et ses véritables goûts et ses aptitudes.

Plus encore que leur organisation, le programme des études fait des Instituts des écoles spéciales.

Les matières dont ils se composent sont réparties en quatre groupes, suivant une division
théorique qui ne fait, nous le verrons, que repro-
duire celle qu'adopte Condorcet pour le quatrième
et le cinquième *degrés*. Le premier groupe comprend les sciences mathématiques et physiques,
dont l'enseignement fait l'objet de quatre cours :
un de mathématiques pures, un de mathématiques
appliquées (éléments de mécanique, d'optique,
d'astronomie, d'application du calcul et de la géométrie à la physique, etc.), un de physique et de
chimie expérimentale, un enfin d'histoire naturelle des trois règnes. — Le deuxième groupe est
celui des sciences morales et politiques, divisées
en trois cours : 1° analyse des sensations et des
idées, morale, méthode des sciences ou logique,
principes généraux des constitutions politiques ;
2° législation, économie politique et éléments de
commerce ; 3° géographie et histoire philosophique
des peuples. — Le troisième groupe (application
des sciences aux arts) ne requiert que trois
cours : un d'anatomie comparée, d'accouchements
et d'art vétérinaire, un d'art militaire, un enfin de
principes généraux des arts et métiers. — Enfin
le quatrième groupe, celui de la littérature et des
beaux-arts, comprend quatre cours : un de « théorie
générale et élémentaire des beaux-arts », un de
grammaire générale et d'art d'écrire, un de
langue latine, un de langues étrangères. Dans
quelques *Instituts*, on pourra établir un cinquième
cours, consacré à la langue grecque. Cette simple
énumération suffit à établir le caractère nettement
spécial, on peut même dire technique des *Instituts*.

Remarquons aussi — sans y insister pour le moment — que ces programmes sont presque entièrement scientifiques. Tandis que Talleyrand, fidèle encore aux vues du président Rolland et des parlementaires de 1762, conservait aux études littéraires, aux « humanités », la place d'honneur, Condorcet, nourri de la philosophie du xviiie siècle, disciple de l'Encyclopédie, secrétaire perpétuel de l'Académie des Sciences, exclut, ou à peu près, le grec, attribue au latin un seul cours sur onze, et, à la place des lettres détrônées, installe en maîtresses les sciences. A vrai dire, les raisons par lesquelles il justifie cette substitution ne sont pas puisées au cœur même de sa doctrine pédagogique et ne procèdent que de vues secondaires et souvent contestables. Des programmes plus littéraires s'ajusteraient aussi bien, et peut-être mieux, nous le montrerons, aux vues théoriques de Condorcet. En tous cas, de cette prédilection pour les sciences on aurait tort de conclure, comme on le fait, à l'esprit utilitaire de sa pédagogie. Diderot, Condorcet, A. Comte, H. Spencer, telle est, dit-on, la chaîne des grands utilitaires, précurseurs de notre moderne enseignement scientifique. C'est là, croyons-nous, donner un relief exagéré à l'un des aperçus les moins importants et, à coup sûr, les plus discutables du Plan d'instruction publique. Si les programmes du troisième degré peuvent suggérer une telle interprétation, les *Mémoires* et tout le reste du *Rapport* et du *Plan* protestent contre elle. L'esprit libéral, le souci de la formation des intelligences, voilà l'inspiration maîtresse de la pédagogie de Condorcet.

Quoi qu'il en soit, on est frappé de voir combien, par l'organisation des études comme par les programmes, les Instituts se rapprochent de nos lycées actuels, tels que les ont institués les décrets de 1902. Le système des cours substitué à celui des classes, le recul de l'enseignement littéraire, le triomphe des sciences, l'empiètement des études spéciales sur les études générales, voilà bien les caractères les plus saillants de la réforme de 1902. On croirait que nos réformateurs modernes se sont appliqués à réaliser le troisième *degré* d'instruction de Condorcet. Ils l'ont perfectionné sans doute, mais les lignes générales sont identiques. C'est pourtant là, à n'en pas douter, la partie faible du Plan. Condorcet, si bien inspiré, si net, si lumineux quand il s'agit d'enseignement primaire et, nous allons le voir, d'enseignement supérieur et d'enseignement pour les adultes, a complètement échoué dans l'organisation des études secondaires. Il n'a pas su en définir clairement le but, ni en déterminer les moyens. Un bon juge, M. Liard, condamne, avec une sévérité fortement motivée, les Instituts de Condorcet. « Toute cette partie de l'œuvre de Condorcet, dit-il, est détestable... L'Institut ainsi organisé n'est plus une école d'éducation intermédiaire et générale, c'est une réduction insignifiante de l'enseignement supérieur, c'est l'enseignement supérieur abaissé ; il n'en serait sorti que des spécialistes prématurément spécialisés, sans culture générale, et de bien piètres recrues pour l'enseignement supérieur. »

Le quatrième *degré* d'instruction est donné dans

les *Lycées* et correspond à notre Enseignement
supérieur. Ici encore, nous souscrirons sans
réserves au jugement si autorisé et si sûr de
l'homme qui, avec A. Dumont, fut l'organisateur,
on peut dire le créateur de nos modernes Universités, M. Liard. Pour M. Liard, Condorcet a d'abord
le mérite d'avoir « trouvé » la « définition complète et définitive », la « formule » même de l'Enseignement supérieur. Nous le pensons aussi.
Faisons remarquer toutefois que, s'il a « trouvé »
cette formule, ce n'est pas du premier coup.
Dans ses *Mémoires*, on le voit hésiter entre les
deux conceptions que l'on peut se faire, et que, de
son temps déjà, l'on se faisait touchant l'organisation de l'enseignement supérieur. On sait, en
effet, que, dès la Constituante, deux tendances
nettement opposées se manifestèrent dans les
divers projets d'Instruction publique présentés à
l'Assemblée. Les uns — c'étaient surtout les Ora-
toriens — voulaient faire de l'Enseignement supérieur un enseignement purement professionnel et
technique, donné dans des écoles spéciales. Les
autres — parmi lesquels Cabanis, l'ami de Mira-
beau — le concevaient comme un haut enseignement scientifique, embrassant l'universalité des
connaissances et distribué dans un seul établissement. Entre ces deux conceptions, Condorcet, dans
ses *Mémoires*, ne choisissait pas. Il préconisait la
création d'écoles spéciales réparties sur toute l'é-
tendue du royaume, suivant les besoins locaux ;
mais il recommandait aussi la création, à Paris,
d'un *Lycée* unique, « destiné à ceux qui sont appelés à augmenter la masse des vérités par des obser-

vations ou par des découvertes ». En somme, il juxtaposait, au lieu de les fondre, les deux conceptions. Il établissait entre elles un compromis qui, sans conserver les avantages de chacun des deux systèmes, en retient les inconvénients.

Mais, plus tard, probablement sous l'influence des discussions auxquelles il prit part dans le comité d'Instruction publique de l'Assemblée Législative, les idées de Condorcet se précisèrent. Il reconnut que l'enseignement supérieur ne pouvait pas être scindé, qu'il devait tout entier, technique aussi bien que scientifique, être donné dans les mêmes établissements, où la pratique s'enseignerait ainsi que la théorie, foyers de recherches et d'études en même temps qu'écoles spéciales et professionnelles. Cette fois, les deux conceptions étaient fondues en une seule, et la définition vraie de l'Enseignement supérieur était enfin trouvée. « Toutes les sciences, dit Condorcet dans son *Rapport*, y seront enseignées dans toute leur étendue. C'est là que se forment les savants, ceux qui font de la culture de leur esprit, du perfectionnement de leurs propres facultés une des occupations de leur vie; ceux qui se destinent à des professions où l'on ne peut obtenir de grands succès que par une étude approfondie d'une ou plusieurs sciences. C'est là aussi que doivent se former les professeurs. C'est au moyen de ces établissements que chaque génération peut transmettre à la génération suivante ce qu'elle a reçu de celle qui l'a précédée et ce qu'elle a pu y ajouter. »

Mêmes tâtonnements et même progrès en ce

qui concerne le nombre des Lycées. Les *Mémoires* n'en prévoyaient qu'un seul établi à Paris. C'était priver les provinces, c'est-à-dire la plus grande partie du pays, des bienfaits de la haute culture et porter un coup fatal à cette unité des idées, des mœurs, des volontés sans laquelle il n'y a pas de nation. Le *Rapport*, au contraire, institue neuf Lycées, un à Paris, les autres dans les principales villes du territoire. Pour justifier cette pluralité, Condorcet dit excellemment : « Les lumières, en partant de plusieurs foyers à la fois, seront répandues avec plus d'égalité, et se distribueront dans une plus grande masse de citoyens. On sera sûr de conserver, dans les départements, un plus grand nombre d'hommes éclairés, qui, forcés d'aller achever leur instruction à Paris, auraient été tentés de s'y établir... Cette considération est très importante. »

Venons enfin à l'organisation des études dans les Lycées. Elles sont réparties en quatre groupes, les mêmes que nous avons rencontrés déjà dans les Instituts. Le premier groupe, celui des *Sciences mathématiques et physiques*, comprend neuf enseignements : 1° Géométrie transcendante et analyse mathématique ; 2° Mécanique hydraulique, mécanique céleste et applications de l'analyse aux objets physiques ; 3° Applications du calcul aux sciences morales et politiques ; 4° Astronomie d'observation ; 5° Physique expérimentale ; 6° Chimie ; 7° Minéralogie et géologie ; 8° Botanique et physique végétale ; 9° Zoologie.

Le deuxième groupe, celui des *Sciences morales et politiques*, comprend cinq enseignements : 1° Méthode des sciences, analyse des sensations et des idées, morale et droit naturel; 2° Science sociale, économie politique, finances, commerce; 3° Droit public et législation générale; 4° Législation française; 5° Chronologie, géographie, histoire philosophique et politique des différents peuples.

Le troisième groupe, celui que Condorcet intitule : *Application des sciences aux arts*, renferme treize enseignements : 1° Anatomie et physiologie; 2° Pharmacie et matière médicale; 3° Médecine théorique (comprenant la pathologie, la séméiotique, la nosologie et la thérapeutique) 4° Médecine pratique des maladies internes et externes; 5° Théorie et pratique des accouchements, des maladies des femmes en couches et de celles des enfants; 6° Art vétérinaire; 7° Agriculture et économie rurale; 8° Art d'exploiter les mines; 9° Théorie de l'art militaire; 10° Science navale; 11° Stéréotomie et partie géométrique des constructions et des arts et métiers; 12° Partie mécanique et physique des arts et métiers; 13° Partie chimique des arts et métiers.

Le quatrième groupe, *Littérature et Beaux-Arts*, comprend ces huit parties : 1° Théorie des beaux-arts en général, et, en particulier, de la poésie et de l'éloquence; 2° Antiquités; 3° Langues orientales; 4° Langue et littérature grecques; 5° Langue et littérature latines; 6° Langue et littérature modernes (On choisira, pour chaque Lycée, les trois langues vivantes qui conviennent le mieux aux localités); 7° Dessin pour la peinture, la sculpture et l'architecture; 8° Théorie de la musique et composition.

Que de nouveautés dans cet admirable plan d'Enseignement supérieur ! La suppression de la faculté de théologie qui, dans les Universités du XVIIIe siècle, occupait le premier rang ; l'introduction éclatante des sciences, le rapprochement des sciences théoriques et des sciences appliquées, le groupement rationnel et méthodique de tous les ordres d'études, la vue claire de la liaison de toutes les sciences, dont aucune « n'est totalement étrangère à aucune autre », la souplesse en même temps que la précision des cadres, voilà seulement quelques-uns des principaux mérites de cette partie du Plan. On ne sait ce qu'il faut admirer le plus, de l'ampleur et de l'harmonie de l'ensemble, ou de la justesse heureuse du détail. « Certes, s'écrie M. Liard, c'est là un plan d'une nouveauté, d'une hardiesse et d'une précision merveilleuses, et cependant rien d'utopique, rien de démesuré... Le plan de Condorcet était capable de pourvoir, pour longtemps, à une culture complète de la France et à l'avancement des sciences. » Il n'est que juste, après un tel témoignage, de reconnaître que Condorcet n'exagérait rien lorsqu'il faisait en ces termes l'apologie de cette partie de son projet : « L'enseignement que nous proposons d'établir est plus complet, la distribution en est plus au niveau de l'état actuel des sciences en Europe, que dans aucun des établissements de ce genre qui existent dans les pays étrangers ; nous avons cru qu'aucune espèce d'infériorité ne pouvait convenir à la nation française ; et puisque chaque année est marquée dans les sciences par des progrès nouveaux, ne pas surpasser ce qu'on trouve établi, ce serait rester au-dessous. »

Enfin, le cinquième *degré* d'instruction est constitué par une « Société nationale des sciences et des arts », magnifique couronnement du vaste édifice élevé par Condorcet. Cette Société n'est pas, à proprement parler, un corps enseignant. Triple est sa fonction. Elle doit « surveiller et diriger les établissements d'instruction, s'occuper du perfectionnement des sciences et des arts, enfin recueillir, encourager, appliquer et répandre les découvertes utiles ». La première de ces fonctions, d'ordre administratif, fut d'abord, aux yeux de Condorcet, la principale. Nous avons vu combien était vif son souci de défendre le système général d'instruction publique contre toute influence d'ordre politique. Il croyait n'y pouvoir mieux réussir qu'en en confiant l'administration à un corps scientifique, libre de toute attache avec le pouvoir, mû par les seuls intérêts de la science. Mais, même lorsque la proclamation de la République, faisant tomber les préventions de Condorcet contre le pouvoir central, l'eut conduit à modifier ses vues sur ce point et à dépouiller la Société nationale de ses attributions administratives, l'utilité scientifique et civilisatrice d'une telle institution, demeurant entière, suffit à justifier son maintien.

Cette Société est divisée, comme les Lycées et les Instituts, en quatre classes, qui tiennent séparément leurs séances. La première est celle des sciences mathématiques et physiques : elle correspond à peu près à notre Académie des sciences. La seconde est celle des sciences morales et politiques : c'est notre Académie des sciences morales et politiques. La troisième est la classe des « applications des sciences aux arts »; notre Académie de médecine actuelle ne constitue qu'une partie de cette classe, qui, dans la pensée de Condorcet, embrassait, outre la médecine, les arts mécaniques, l'agriculture et la navigation. Enfin, la quatrième classe, celle de la littérature et des beaux-arts, remplirait à peu près le rôle de nos trois Académies : française, des inscriptions et belles-lettres, des beaux-arts.

Chaque classe, nous l'avons dit, tient ses séances séparément. Ces séances « seront ouvertes au public, mais seulement pour que ceux qui cultivent les sciences puissent écouter les leçons, suivre les discussions et sans que la nécessité de se faire entendre des spectateurs, de se mettre à leur portée, de les intéresser ou de les amuser, influe sur l'ordre des séances, la forme des discussions ou le choix des lectures ». En somme, on le voit, ce n'est pas une mission d'enseignement que Condorcet confie à la « Société nationale ». Sa tâche est plus haute encore. « Ce n'est plus de l'instruction particulière des enfants, ou même des hommes », qu'elle doit s'occuper, « mais de l'instruction de la génération entière, du perfectionnement général de la raison humaine;... elle doit préparer à l'esprit humain de nouveaux moyens d'accélérer les progrès, de multiplier les découvertes ».

Quels seront le mode de recrutement et l'organisation de cette Société? Elle se recrutera elle-même, par élection. Le nombre des membres sera limité : 96 dans la première classe ; 60 dans la seconde ; 144 dans la troisième ; 88 dans la quatrième. Des membres étrangers pourront être associés à chacune des classes. La Société siège à Paris, mais la moitié de ses membres seront choisis dans les départements ; cette distribution égale entre Paris et la province, présente l'avantage, dit Condorcet, « de répandre les lumières avec plus d'uniformité, de les placer auprès d'un plus grand nombre de citoyens, d'exciter plus généralement le goût de l'étude et des recherches utiles... d'offrir partout à l'ignorance des instructeurs et des appuis ».

Enfin, la Société nationale est placée dans un état d'indépendance absolue vis-à-vis du pouvoir. Sa seule obligation est de « rendre tous les ans au Corps législatif un compte sommaire du progrès des sciences et des arts, des travaux de chaque classe, de l'état et du perfectionnement de l'enseignement public ». Plus encore, s'il est possible, que les autres *degrés*, celui-ci doit être affranchi de toute entrave. Sa fonction propre est de découvrir la vérité « qui seule est utile », de dénoncer l'erreur « qui est toujours un mal », d'assurer le progrès de l'esprit humain et le perfectionnement de l'institution sociale, tous résultats qui ne peuvent provenir que du « combat parfaitement libre des opinions », c'est-à-dire d'une liberté de penser et de produire sa pensée n'admettant aucune sorte de restriction.

Ce n'est pas tout encore. Ces cinq *degrés* d'instruction, ce plan si vaste, si harmonieux, si largement démocratique, Condorcet le juge pourtant insuffisant. Il ne croit pas avoir assez fait en assurant à tous les enfants, à tous les jeunes gens, les moyens d'acquérir toute l'instruction que comportent leurs aptitudes et leur situation de fortune. Il veut encore qu'ils puissent, devenus hommes, continuer à s'instruire. C'est qu'il sait bien que les leçons de l'école s'oublient vite, que les occupations quotidiennes, si elles absorbent tout l'individu, finissent par endormir l'activité intellectuelle, par émousser la curiosité; il sait que la paresse et l'ignorance guettent l'enfant et l'adolescent au sortir de l'école, et que cesser d'apprendre, c'est n'avoir rien appris. Aussi n'admet-il pas que l'État se désintéresse, à aucun moment, de l'éducation des citoyens, et qu'aucun d'eux puisse désirer s'instruire sans trouver aussitôt le maître et l'enseignement qu'il lui faut. « Nous avons, dit-il, observé que l'instruction ne devait pas abandonner les individus au moment où ils sortent des écoles, qu'elle devait embrasser tous les âges, parce qu'il n'y en avait aucun où il ne fût utile et possible d'apprendre, et *que cette seconde instruction est d'autant plus nécessaire, que celle de l'enfance a été resserrée dans des bornes plus étroites*. » De cette vue pénétrante est né le projet d'organisation de l'enseignement pour les adultes, enseignement complémentaire de l'instruction à tous ses degrés, qui est sans doute, dans le Plan d'instruction publique, la partie la plus originale, la plus intéressante, celle aussi qui répond le mieux à nos modernes préoccupations.

Notre génération est justement fière d'avoir créé

les « œuvres postscolaires »; elle est fière de ces cours d'adultes, de ces associations d'anciens élèves, de ces mutualités, de ces conférences de toute espèce, de ces Universités populaires qui doublent la puissance bienfaisante de l'école. Condorcet, cependant, avait prévu plus et mieux. Quels que soient le nombre et la variété de nos « œuvres postscolaires », elles restent encore bien en deçà de l'organisation si pratique, si complète qu'il a rêvée.

D'abord, nul mieux que lui n'a défini le rôle de cet enseignement postscolaire ou extrascolaire. Son objet, dit-il, ne doit pas être, à proprement parler, d'enseigner méthodiquement les divers chapitres des sciences, mais bien d'entretenir dans les esprits le goût de la vérité, le sens critique, et d'y susciter une saine activité. Il ne répétera donc pas l'école, il ne sera pas un cours suivi sur des matières fixes. Il devra, au contraire, pour s'adapter à tous les besoins, être souple et vivant; il s'attachera à vulgariser, en de simples causeries, les découvertes nouvelles, soit dans les sciences, soit dans l'industrie, soit dans l'agriculture; à faire connaître les plus belles productions des lettres et des arts, à expliquer et commenter les lois à mesure qu'elles sont promulguées, à exposer les questions politiques agitées dans l'État et les diverses solutions qui peuvent en être données; il n'oubliera pas non plus — c'est une idée que reprendra plus tard Spencer — que, s'adressant à des hommes, à des pères de famille, il doit les instruire de tout ce qui concerne « l'éducation physique et même morale des enfants ». Enfin, il se proposera encore d'apprendre aux hommes les moyens de s'instruire eux-mêmes par les livres, c'est-à-dire de leur enseigner « les éléments très simples de ce qu'on appelle *critique* ». On le voit, Condorcet a su discerner clairement la vraie nature de cet enseignement et définir sa vraie fonction en vue des besoins et des goûts de ses auditeurs.

Comment maintenant sera-t-il organisé ? Les maîtres qui enseignent aux enfants seront ceux-là mêmes qu'on chargera d'enseigner aux hommes. Chaque dimanche, les instituteurs des écoles primaires et secondaires « ouvriront une conférence publique, à laquelle assisteront les citoyens de tous les âges ». Les professeurs des Instituts tiendront, eux aussi, des conférences publiques, mais seulement une fois par mois. Comme, en effet, celles-ci s'adressent « à des hommes déjà plus instruits, plus en état d'acquérir des lumières par eux-mêmes, il est moins nécessaire de les multiplier ». Au surplus, les cours ordinaires des Instituts devront être ouverts à tous ceux qui désireraient, soit suivre un cours particulier, soit assister à quelques leçons. De même, les cours des Lycées seront ouverts, non seulement aux jeunes gens qui y viennent achever leur éducation, mais aussi aux hommes. Enfin, les séances de la Société nationale seront également, nous l'avons vu, accessibles au public.

Grâce à cette organisation, les citoyens de tout âge pourront toujours trouver un enseignement approprié à leurs goûts, à leur culture, à leurs aptitudes, à leur curiosité. Rien n'est oublié. Celles qui, parmi nos inventions pédagogiques, nous semblent

les plus modernes, sont déjà dans Condorcet. Ceci,
par exemple, ne semble-t-il pas écrit d'aujourd'hui?
« Dans les villes de garnison, on pourra charger
le professeur d'art militaire d'ouvrir, pour les sol-
dats, une conférence hebdomadaire, dont le principal objet sera l'explication des lois et des règle-
ments militaires, le soin de leur en développer
l'esprit et les motifs, car l'obéissance du soldat à
la discipline ne doit pas se distinguer de la soumission du citoyen à la loi : elle doit être également
éclairée et commandée par la raison et par l'amour
de la patrie, avant de l'être par la force ou la
crainte de la peine. » On voit combien Condorcet a
eu le souci de satisfaire tous les besoins et d'é-
tendre à toutes les catégories de citoyens les bienfaits de la culture.

Ajoutons, enfin, que chaque école secondaire doit
être pourvue d'une petite bibliothèque et « d'un
petit cabinet où l'on placera quelques instruments
météorologiques, quelques modèles de machines
ou de métiers, quelques objets d'histoire naturelle ». Chaque Institut possédera aussi une bibliothèque, un cabinet de sciences physiques et naturelles, un jardin botanique, un jardin d'agriculture.
Tous ces petits musées seront librement ouverts à
tous et offriront de nouveaux aliments à la curiosité.

Ainsi, dans le système de Condorcet, tous les
enseignements sont organisés en double, l'un, sous
forme de cours suivis et réguliers, pour les enfants;
l'autre, revêtant la forme de conférences variées,
pour les adultes. Cette grande idée de prolonger,
bien au delà des années scolaires, pendant leur

jeunesse et jusque dans l'âge d'homme, l'éducation de tous les citoyens, et plus particulièrement des fils du peuple, est l'une des plus belles, des plus fécondes qui soient sorties de ce généreux esprit. Plus de cent ans après Condorcet, nous ne faisons encore qu'entreprendre sa réalisation : il attendait mieux sans doute de l'avenir.

Tel est, dans ses grandes lignes, l'admirable Plan d'instruction publique tracé par Condorcet. Certes, tout n'y est pas parfait ; et les critiques de détail qu'on pourrait lui adresser seraient, si l'on voulait bien chercher, assez nombreuses. Ne vaut-il pas mieux en louer les vastes proportions, le dessin si ferme et si juste, la hardiesse à la fois et l'équilibre de l'ensemble? Ne faut-il pas surtout en admirer l'inspiration si humaine, si profondément démocratique? On ne saurait trop regretter que ce Plan n'ait pas été réalisé en son temps. Quelle avance la France n'aurait-elle pas prise sur la route de la civilisation, que de progrès eussent été acquis par le seul fonctionnement de ce système, qui ne sont pas près encore d'être tous réalisés ! Le XIXe siècle a passé, avec son labeur énorme, ses efforts constants pour répandre l'instruction, pour démocratiser l'étude ; il a réussi, sur certains points, à remplir le dessein de Condorcet, il l'a même élargi en ce qui concerne l'enseignement primaire et l'enseignement secondaire. Mais notre enseignement supérieur et surtout nos œuvres postscolaires sont loin d'avoir l'ampleur que leur souhaitait l'auteur du Plan; et quant à la gratuité de l'instruction à tous ses degrés, quant à l'indépendance absolue des maîtres à l'égard du pouvoir, quant à la liberté même de l'enseignement, nous n'avons encore rien trouvé qui répondît à sa pensée si sagement libérale, si généreusement égalitaire.

Si cependant, pour conclure, il est une réflexion que doive nous inspirer ce Plan, c'est bien, croyons-nous, la suivante. Ce Plan n'est, nous l'avons montré, que la fidèle application de principes nettement arrêtés et poursuivis jusque dans leurs plus extrêmes conséquences. Telle est la cause de son unité précise et forte, de sa belle logique intérieure, de son ampleur aussi et de sa richesse. Serait-ce donc qu'à rester toujours en contact avec les principes, à être résolument idéologique, la pédagogie perdrait moins qu'on ne veut bien le dire de sa valeur pratique ?

On conseille aujourd'hui aux pédagogues de se défier des abstractions. « Laissez, nous dit-on, les besoins divers produire et créer eux-mêmes leurs organes. Laissez les établissements d'instruction naître, ici et là, par l'initiative privée, avec les formes variées qu'ils revêtent spontanément. Quant aux écoles de l'État, qui existent déjà, laissez-les se diversifier, s'adapter aux besoins locaux, et comme se modeler sur la vie elle-même. L'idéal n'est pas une organisation rectiligne et rationnelle, mais une complexité et une variété semblables à celles de la nature vivante. » Et l'on nous cite en exemple l'Angleterre, qui, d'ailleurs, se hâte, en ce moment, d'introduire dans son système d'éducation un peu de cette uniformité et de cette logique que nous reprochons au nôtre.

Cependant, l'expérience a été faite. Notre sys-

tème d'instruction publique actuel, qui s'est constitué lentement, au fur et à mesure, par retouches
et par corrections, est le fruit de cette méthode
expérimentale que l'on nous vante. Si pourtant
nous constatons que le Plan de Condorcet, appliqué
tel quel aujourd'hui, améliorerait en bien des
points ce qui existe, satisferait plusieurs besoins
qui ne se sont point encore créé d' « organes »,
force nous est bien de reconnaître qu'il n'est point
si mauvais de vouloir, au nom des principes, organiser la confusion et le désordre de la réalité. Il ne
serait sans doute que sage de ne point tant faire fi
d'une méthode à laquelle Condorcet est redevable
de si admirables résultats.

V

Une doctrine générale d'éducation, un vaste
plan d'instruction publique, voilà l'essentiel de ce
que la pédagogie doit à Condorcet. Mais nous n'au-
rions pas exposé toute sa pensée si nous laissions
de côté les indications souvent intéressantes, parfois très précieuses, qu'il a données sur les questions
de programmes et de méthodes. A vrai dire, il
n'a fait qu'effleurer ces questions, il ne les a pas
traitées. D'autres objets plus pressants récla-
maient alors l'attention des éducateurs. La tâche
qui s'imposait à eux était immense. L'instruction
publique, nous l'avons vu, était tout entière, ou
à peu près, à créer. Négligeant donc tous les
problèmes secondaires, Condorcet courut aux plus
urgents. Il détacha du « système général d'instruction », pour concentrer sur elle tous ses
efforts, la partie relative « à la distribution et à
l'organisation générale des établissements d'enseignement public ». Cette partie, en effet, peut
être traitée isolément. N'est-il pas évident que,
« quelles que soient les opinions sur l'étendue
précise de chaque degré d'instruction (c'est-à-dire
les programmes de chaque degré) et sur la manière d'enseigner (c'est-à-dire les méthodes), l'organisation peut être la même »?

Une autre raison encore, que nous avons indiquée au début de cette étude, explique pourquoi, dans l'œuvre de Condorcet, les questions de programmes et de méthodes tiennent si peu de place ; c'est le tour abstrait de son esprit, plus capable de théorie que d'observation, de logique et de vigueur que de finesse. Or, les problèmes que soulèvent les programmes et les méthodes sont d'ordre pratique. On ne les résout pas *in abstracto*. Ils requièrent une connaissance exacte de l'esprit des enfants, de leurs goûts, de leurs aptitudes, de leurs forces, une expérience attentive des divers procédés d'enseignement, en un mot, un sens délicat des réalités psychologiques, qui faisait défaut à Condorcet.

Cependant, quoiqu'il n'ait donné sur cette partie pratique, qui était le tout de l'ancienne pédagogie, que des indications rapides, encore vaut-il la peine de les rechercher. Et d'abord quelles sont ses idées sur les programmes ? La question ne se pose pas en ce qui concerne les Lycées. L'objet de l'enseignement des Lycées étant de perfectionner l'esprit humain et d'accroître la somme des connaissances, il est clair que toutes les sciences y doivent trouver place ; les limites des programmes y sont les limites mêmes du savoir humain. Mais il n'en est pas ainsi pour les trois premiers *degrés* d'instruction. Là, en effet, il s'agit de donner à des enfants, dont on doit ménager les forces, une instruction proportionnée à leurs besoins et à leurs capacités. Il faut donc, de toute nécessité, dans la masse du savoir humain choisir quelques matières et, dans ces matières mêmes, circonscrire ce qui doit être enseigné.

Reconnaissons tout de suite que Condorcet, dans le choix de ces matières, n'a pas obéi à un principe fixe. Il a manqué d'un criterium rigoureux et s'est laissé guider soit par des préférences arbitraires, soit par des raisons qui, intéressantes parfois et justes en elles-mêmes, ne sont cependant pas prises dans la logique de sa doctrine et perdent ainsi quelque chose de leur valeur.

Il a commis d'abord, avec tout son siècle, cette erreur qui consiste à attacher aux connaissances, au savoir, une sorte de valeur intrinsèque, et même de moralité. Plus on sait et mieux on vaut, telle est la ferme conviction de Condorcet. Les programmes les meilleurs seront donc les plus complets. On se plaint aujourd'hui de la surcharge des nôtres. Que dire alors de ceux de Condorcet ? Et nous ne parlons pas même ici de ceux des Instituts qui sont, nous l'avons vu, à peu près encyclopédiques, puisqu'ils comprennent, non seulement toutes les sciences théoriques (mathématiques, physiques, chimiques, naturelles, littératures anciennes et modernes, histoire, géographie, morale, etc.), mais encore les applications des sciences aux arts, c'est-à-dire la médecine, l'agriculture, l'industrie, etc. Mais qu'on se rappelle les programmes du premier et du deuxième degrés d'instruction. Ne sont-ils pas, eux aussi, surchargés ? Ne faudrait-il pas craindre que l'enfant qui, par impossible, se les serait assimilés, n'eût le cerveau alourdi plutôt que nourri, encombré plutôt que muni ? Ou plutôt, car l'enfant n'a pas une faculté d'assimilation illimitée, ne faut-il pas prévoir que, comme il arrive, ces programmes inapplicables seront inappliqués, et n'auront d'autre effet que de gêner l'effort du maître, de décourager celui de l'élève? Dans son généreux désir de « répandre les lumières », Condorcet a oublié que l'esprit n'est pas, pour continuer sa métaphore, un écran qui devient plus lumineux à mesure que croît l'intensité du foyer qui l'éclaire ; mais qu'il ressemble bien plutôt à la lentille dont la puissance dépend moins de l'éclat des rayons qu'elle concentre que de sa taille et de sa pureté. L'excellence d'un programme d'études ne se mesure pas à la quantité des matières dont il se compose, mais bien à leur qualité éducative, aux progrès intellectuels dont elles peuvent être l'instrument. Et l'on peut même aller plus loin. Les programmes, faut-il dire, n'ont pas une bien grande importance. Ce qui importe, c'est la méthode. Quel que soit le programme qu'ils appliquent, de bons maîtres sauront former de bons esprits, des maîtres médiocres ne formeront que de médiocres esprits.

Mais passons condamnation sur cette erreur, après tout facilement rectifiable. Regardons maintenant, non plus la quantité des matières enseignées, mais leur espèce. Ce qui frappe d'abord, dans les programmes de Condorcet, c'est la place prépondérante accordée aux sciences, et, sinon la disparition, du moins l'amoindrissement des études littéraires. Condorcet est de l'école des Encyclopédistes. Disciple de Diderot, — disciple avant la lettre, puisque le *Plan d'une Université russe* ne parut qu'après sa mort — il a voulu substituer « à l'étude des mots celle des choses », comme disait Diderot, c'est-à-dire à l'étude des lettres celle des sciences. Il a suffi de ce fait pour qu'on vit en lui un précurseur de l'éducation utilitaire et scientifique à la manière de Spencer, en même temps qu'un adversaire de l'éducation libérale et littéraire d'un Montaigne. Mais quand nous ne saurions pas déjà, par l'exposé de la doctrine pédagogique de Condorcet, que toutes ses tendances faisaient de lui un partisan de l'éducation libérale, il est une remarque qui, selon nous, suffit à ruiner cette vue superficielle. Pour discerner la vraie pensée de Condorcet, il nous importe moins de savoir qu'il a substitué les sciences aux lettres que de connaître le pourquoi de cette substitution. Ce qui donne à des programmes un caractère libéral ou utilitaire, ce n'est pas tant les matières qu'ils contiennent que les raisons qui ont fait choisir ces matières et l'esprit dans lequel on les enseigne. L'étude des lettres peut être conduite vers des fins utilitaires, par exemple, en vue de former des avocats ou des journalistes. L'étude des sciences peut, au contraire, être toute libérale, si elle se donne pour fin la culture désintéressée de l'esprit.

Or, si l'on se demande pourquoi Condorcet a préféré les sciences aux lettres, on constate que c'est, avant tout, parce qu'il considérait les premières comme plus propres que les secondes à former de vigoureux et libres esprits. Sans doute, il a écrit que « les sciences sont utiles dans toutes les professions », et que c'était une des raisons qui devaient les faire préférer. Mais, cette raison, il ne la donne qu'en passant. Celle au contraire sur laquelle il insiste et qui lui apparaît comme décisive, c'est que « l'étude même élémentaire des sciences est le moyen le plus sûr de développer les facultés intellectuelles, d'apprendre à raisonner juste, à bien analyser ses idées ». A cet office, les lettres sont moins propres ; « elles emploient la raison, mais elles ne la formeraient pas. » Et ailleurs : « les sciences sont contre les préjugés, la petitesse d'esprit, un remède sinon plus sûr, du moins plus universel que la philosophie même. » Peut-être a-t-il tort, et, pour notre part, nous le croyons. Mais ce qu'on ne peut nier, c'est qu'il n'ait eu le ferme dessein de faire des sciences l'instrument d'une culture désintéressée de l'esprit, et qu'il ne soit par conséquent dans la plus pure tradition de la pédagogie libérale. Et que dire encore de cette phrase, si expressive celle-là, que nous avons relevée dans les papiers inédits de Condorcet ? « Il faudra exercer l'enfant sur les premiers principes de la géométrie, afin que du moins il ait des idées simples, claires, précises et qu'il sente ce que c'est qu'une chose démontrée. Car voilà la grande utilité de la géométrie apprise dans l'enfance... Il y a bien des positions où un homme n'aura pas dans toute sa vie une seule fois besoin de la géométrie, mais il n'y a point d'homme à qui il ne soit utile de savoir ce que c'est qu'une proposition évidente et de n'être pas exposé à regarder les opinions les plus ridicules comme des choses prouvées parce qu'elles sont appuyées par quelques raisons spécieuses, mais indirectes. » Quel est le libéral le plus intransigeant qui ne souscrirait à cette phrase ? On le voit donc, si Condorcet défend les sciences, c'est par les arguments mêmes de la pédagogie libérale.

Quant aux lettres, s'il les relègue au second plan, c'est pour des raisons analogues à celles qui lui font préférer les sciences. Ce qu'il leur reproche, au fond, c'est d'être des études spéciales, bonnes tout au plus pour quelques savants ou quelques hommes « qui se destinent à certaines professions », et non des études générales propres à former la raison. Il a contre elles un autre grief encore : la littérature et la philosophie, du moins celles de l'antiquité, lui apparaissent comme des maîtresses d'erreur. Il se demande « si la raison de jeunes élèves sera formée assez pour distinguer, dans ces grands modèles, les erreurs qui s'y trouvent mêlées à un petit nombre de vérités, pour séparer ce qui appartient à leurs préjugés et à leurs habitudes, pour les juger eux-mêmes au lieu d'adopter leurs jugements,... si enfin le danger de s'égarer à leur suite, de prendre auprès d'eux des sentiments qui ne conviennent ni à nos lumières, ni à nos institutions, ni à nos mœurs, ne doit pas l'emporter sur l'inconvénient de ne pas connaître leurs beautés ». Si cependant on avait prouvé à Condorcet, par des faits, que les lettres, enseignées d'une certaine manière, c'est-à-dire en vue, non de s'approprier certaines formes oratoires surannées, mais de cultiver les qualités solides de l'esprit, étaient capables de former la raison, d'affermir le jugement, de donner à l'intelligence la fermeté, la justesse, la mesure, aurait-il maintenu contre elles sa quasi proscription ? Il est permis d'en douter. Ce que Condorcet a voulu d'abord, c'est que l'éducation affranchit les esprits. Il lui importait moins sans doute que ce fût par tel moyen plutôt que par tel autre.

D'ailleurs, il a levé lui-même, sur le tard, l'ostracisme dont il avait frappé les lettres. A mesure qu'il réfléchissait davantage aux questions d'instruction, à mesure aussi ses idées, tout en se précisant, s'élargissaient. Dans son dernier ouvrage, l'*Esquisse d'un tableau historique des progrès de l'esprit humain*, il a résumé, en quelques mots pleins de force et de sens, les programmes complets d'une éducation libérale. « Il faut, écrit-il, que le plan d'une instruction générale renferme l'analyse des diverses opérations de l'intelligence humaine, celle des sentiments moraux, celle des idées de devoir, de justice, de droit, celle enfin des rapports généraux qui existent entre nous et les autres hommes, entre l'homme et les autres objets de la nature. » Étudions de près cette phrase si suggestive. « Les opérations de l'intelligence, les sentiments moraux, les idées de devoir, de justice, de droit », c'est la philosophie, et spécialement cette partie de la philosophie qui étudie l'homme et les règles de la conduite. Condorcet l'inscrit en tête des programmes. N'est-il pas évident, en effet, qu'une éducation dont le but est de former des hommes libres, doit se fonder d'abord sur la psychologie et la morale? Si être libre, c'est conformer ses actes aux idées reconnues par la raison comme les plus vraies, concevrait-on qu'une éducation libérale n'enseignât pas d'abord à l'enfant à se connaître soi-même, et ne lui enseignât pas ensuite les formules les plus belles et les plus hautes que la conscience humaine a données de la loi morale ? Mais la philosophie n'est pas seule à « analyser les sentiments moraux, les idées de devoir, de justice, de droit » ; tel est aussi l'objet des lettres. Quel meilleur maître d'analyse morale qu'un Molière ou un Racine ? Quel plus excellent « professeur d'énergie » qu'un Corneille ? Et ainsi, selon Condorcet lui-même, le fondement, l'assise première d'un enseignement libéral, c'est la morale concentrée de la philosophie et la morale diffuse des lettres.

Après elles, toujours en suivant l'ordre donné par Condorcet, viendra « l'analyse des rapports généraux qui existent entre nous et les autres hommes », autrement dit, les sciences sociologiques, qui étudient les rapports de l'individu avec la société (instruction civique, droit et morale sociale), l'organisation politique de la société (sciences politiques), et son organisation économique (économie politique). Et de même que les lettres sont une psychologie et une morale en action, de même l'histoire, si elle est enseignée, non pour elle-même, mais d'un point de vue social, sera une sociologie animée et parlante. Condorcet nous semble avoir admirablement défini, en même temps que mis à sa vraie place, l'enseignement sociologique et historique. Si l'éducation libérale veut former un citoyen libre et éclairé, vivant au milieu de citoyens libres comme lui, ne faut-il pas qu'elle lui enseigne les lois qui régissent toute société, tout État, qu'elle lui expose les diverses solutions données aux problèmes sociaux, qu'elle lui apprenne les règles de la morale sociale ?

Enfin, le dernier article des programmes sera,

selon Condorcet, « l'analyse des rapports qui existent entre l'homme et les autres objets de la nature », c'est-à-dire l'étude des sciences. Elles apparaissent ainsi à leur vraie place et dans leur vraie fonction éducative, qui est de situer l'homme dans l'univers et de compléter en même temps que de limiter l'idée qu'il a prise de lui-même par la philosophie, les lettres et la science de la société.

Condorcet n'eût-il écrit que les lignes que nous venons de commenter, on pourrait soutenir que nul mieux que lui n'a su choisir la matière d'une éducation vraiment émancipatrice et humaine. C'est dans ce programme esquissé d'une main si sûre qu'il faut, croyons-nous, recueillir sa vraie pensée. L'homme moral, tel est le centre et comme le foyer vers lequel Condorcet fait converger toutes les études. La culture de la raison, la science morale, entendue au sens le plus large, voilà l'objet qu'il donne à tout l'enseignement. La philosophie et les lettres feront appel aux sciences pour le réaliser. C'est la pure doctrine libérale de l'éducation. Assurément, Condorcet n'est pas un libéral à la façon d'un Montaigne, mais il est encore bien moins un utilitaire. Il y a donc lieu, croyons-nous, de reviser un jugement qui range Condorcet parmi les précurseurs de notre moderne enseignement scientifique et utilitaire, et de le définir avec plus de justesse : un partisan d'un enseignement libéral par les sciences — ce qui est assez différent. Si la pédagogie utilitaire lui doit quelque chose, ce que nous ne songeons pas à nier, la pédagogie libérale lui doit plus encore. La complexité de sa pensée admet des éléments très divers, dissociés aujourd'hui et même ennemis mais dont il a opéré la conciliation.

Nous ne trouverons pas, au sujet des méthodes, d'indications aussi précises ni d'aussi fécondes. C'est que Condorcet attache plus d'importance aux programmes qu'aux méthodes. Persuadé qu'il y a « une liaison nécessaire entre les lumières et la liberté », il s'est plus préoccupé de la matière de l'enseignement que de sa forme, il a songé à munir les esprits plus qu'à les discipliner. Dans les *Mémoires* et dans le *Rapport*, à peine rencontrons-nous quelques brèves observations sur les méthodes ; encore, pour être juste, faut-il reconnaître qu'elles manquent d'originalité et de portée. C'est ainsi qu'il fait remarquer, incidemment, « qu'une grande partie des connaissances enseignées à l'école s'efface de la mémoire et que plus de facilité pour les acquérir par une nouvelle étude est presque le seul profit qu'on retire d'une première instruction ». Voilà qui est bien dit. Mais alors pourquoi faire consister toute l'éducation dans l'acquisition de connaissances qui ne doivent même pas demeurer ? Cette autre remarque est plus intéressante : plutôt que de faire lire beaucoup de livres aux enfants, dit Condorcet, il faut leur apprendre *comment* on doit lire, c'est-à-dire avec intelligence et défiance. « Le premier mouvement des hommes est de prendre littéralement et de croire tout ce qu'ils lisent comme tout ce qu'ils entendent. Plus celui qui n'a pas appris à se défendre de ce mouvement lira de livres, plus il deviendra ignorant ; car on ne sait que des vérités, et toute erreur est ignorance...

Mais, celui qui n'admet que ce qui est prouvé et demeure dans le doute sur tout le reste, ne trouvera dans les livres que des vérités. » Cette fois, Condorcet découvre l'importance capitale de la méthode. Que ne s'est-il attaché fortement à cette idée! Elle pouvait le guider heureusement dans l'organisation pratique des études et lui épargner, notamment dans les programmes du troisième degré, de graves méprises.

Il faut reconnaître cependant que, sur ce point encore, Condorcet, par le mouvement de sa pensée droite et pénétrante, a fini par arriver à des vues plus exactes. C'est dans l'*Esquisse* que nous en trouverons la preuve. Car ce fervent apôtre de la « perfectibilité indéfinie de l'espèce humaine » n'a cessé lui-même d'enrichir, de préciser, de perfectionner sa pensée; et les pages sur l'éducation qu'il a écrites vers la fin de sa vie sont parmi ses plus profondes et ses plus belles.

Le philosophe de l'*Esquisse* n'a plus dans le pouvoir moralisateur des « lumières » cette foi quasi superstitieuse que professait l'auteur des *Mémoires* et du *Rapport*. Tout en continuant à croire que l'acquisition du savoir est un des objets de l'enseignement, il ne pense plus que ce soit le seul, ni même que ce soit le plus important. Ce qui devient, à ses yeux, la fin suprême de l'éducation, c'est la culture, c'est-à-dire la formation de l'esprit. Les bonnes études sont moins celles qui donnent le *savoir* que celles qui enseignent à *apprendre*; ou plutôt — car les deux choses, loin de s'opposer, se supposent et se complètent — les bonnes études sont celles qui font servir l'instruction à la culture de l'esprit. Tout cela, Condorcet l'a dit en termes excellents. Dans l'éducation, écrit-il, « il faut s'attacher surtout à soigner le développement des facultés naturelles, à les fortifier par l'exercice en même temps qu'on les perfectionne par l'instruction, à rendre si familier l'emploi de ces idées justes, de ces connaissances élémentaires, de ces méthodes pour reconnaître la vérité ou pour peser les motifs de croire, qu'il devienne une sorte d'instinct; mais un instinct des opérations duquel on conserve une science assez distincte pour ne pas perdre le pouvoir de les surveiller... L'étendue de l'instruction, et cet exercice habituel des facultés sont bien loin d'être incompatibles; on peut, dans une bonne méthode d'enseigner, faire servir cette instruction même à former la raison, si, au lieu d'envisager les vérités, on se borne à diriger dans la manière de les trouver, si l'acquisition de chaque connaissance nouvelle devient à la fois et une leçon sur l'art de reconnaître la vérité et d'en suivre la preuve, et un exercice propre à se former dans l'emploi même de cet art ».

Ainsi, Condorcet finit par reconnaître et proclamer la valeur émancipatrice de la méthode. Mais il a fait plus, il a su tirer de cette idée quelques-unes de ses conséquences les plus importantes. Et d'abord celle-ci : les méthodes doivent être appropriées sans doute à la nature même de chaque science, mais surtout au genre d'esprit, aux forces, aux dispositions de chaque élève. On ne doit pas, on ne peut pas soumettre au même régime des intelligences lucides ou brouillonnes, des esprits vifs ou lents, réfléchis ou étourdis. Le maître adaptera donc son enseignement à la diversité des esprits, n'en jugeant aucun, pas même parmi les médiocres, indigne de son zèle et de ses efforts ; car, pense Condorcet, il n'y a pas d'élève si mauvais dont un bon maître ne puisse tirer parti ; si l'on sait s'y prendre, « on constatera que des enfants dont l'esprit annonçait une lenteur voisine de la stupidité, réveillés » par l'habileté du maître, prennent conscience de leurs propres forces, et « développent des facultés » jusqu'alors engourdies. Condorcet a tout inventé, même la réhabilitation du cancre.

Autre corollaire. Il est entendu qu'une bonne éducation doit travailler à former l'esprit. Mais quelle sorte d'esprit ? Condorcet a vu l'importance de la question, et, sans apporter une réponse tout à fait satisfaisante et précise, il a fait sur ce point des remarques autrement nettes que celles de la plupart des éducateurs, même des éducateurs modernes. Car tous, ou presque tous, sont bien d'accord sur ce point, qu'il faut avant tout faire de bons esprits. Mais l'incertitude commence dès qu'il s'agit de définir avec quelque précision ce que c'est justement qu'un « esprit bien fait ». C'est alors qu'apparaissent les formules banales ou arbitraires, telles que : rectitude du jugement, équilibre des facultés, développement harmonieux de l'esprit. Condorcet a donné une définition plus profonde et plus juste, lorsque, fidèle à l'idée qui domine toute sa pédagogie, il a défini l'esprit bien fait : un esprit libre. Un esprit libre, c'est-à-dire qui pense par lui-même, qui, doué de sens critique, n'admet que les vérités prouvées, qui sait observer, qui sait douter et suspendre son jugement.

Pour former de tels esprits, Condorcet a bien vu que toutes les méthodes d'enseignement devaient satisfaire à deux conditions ; la première, c'est d'exciter et « d'entretenir dans les esprits une activité utile », de leur donner l'élan et le mouvement. Car la paresse, l'engourdissement de l'esprit, voilà les pires ennemis de la liberté ; ils engendrent la routine, créent les préjugés, perpétuent les erreurs traditionnelles. Contre ces dangereux ennemis doivent lutter de tout leur pouvoir les méthodes d'enseignement. Pour cela, il faut qu'elles soient actives, vivantes, éveillent les curiosités, suscitent le désir de comprendre et d'apprendre.

Il faut encore, et c'est la seconde condition pour qu'elles réussissent à former des intelligences libres, que les méthodes soient telles qu'elles puissent donner à l'esprit les qualités grâce auxquelles il pourra « ou trouver une vérité par ses propres réflexions ou suivre et juger les preuves qui lui en sont présentées ». Et, sans doute, Condorcet ne s'est guère expliqué sur ce point. Mais nous voyons suffisamment ce qu'il entend par cette formule un peu générale. Il s'agit de cet ensemble de qualités que nous désignons aujourd'hui sous le nom d'esprit scientifique. En somme, une intelligence active, formée aux règles rigoureuses de la méthode scientifique, voilà, pour Condorcet, ce que c'est qu'une intelligence bien faite. Il ne serait pas difficile, en pressant un peu cette définition, d'en faire sortir toute une méthode générale, capable de renouveler et de vivifier aujourd'hui encore tout notre enseignement public.

Nous n'avons certes pas recueilli, sur les questions de programmes et de méthodes, toutes les remarques suggestives que Condorcet a semées dans ses écrits pédagogiques. Il resterait encore beaucoup à glaner. Mais nous en avons dit assez pour montrer que ce philosophe de l'éducation, cet idéologue a su parfois donner, pour la solution des problèmes pratiques de la pédagogie, d'utiles indications. Sans doute, si la mort n'eût trop tôt interrompu le progrès de ce ferme et puissant esprit, Condorcet, après avoir fait la théorie générale de l'éducation démocratique, eût été amené à réfléchir à la pratique de cette éducation, et nous eût donné, sur tous ces problèmes, encore si débattus aujourd'hui, les conseils les plus conformes à l'esprit de liberté et d'égalité.

S'il était nécessaire, après cet exposé, de résumer d'un mot la pédagogie de Condorcet, on devrait dire, nous semble-t-il, que son inspiration la plus constante a été un amour profond et éclairé de la démocratie. Nul n'a voulu plus ardemment servir le peuple, mais nul ne l'a moins flatté. Sans doute, le premier souci de Condorcet a été d'assurer aux citoyens pauvres, « dans tous les âges de la vie, la facilité de conserver leurs connaissances ou d'en acquérir de nouvelles ». Et nous avons vu qu'en effet son système d'instruction publique, soit par la gratuité de tous les *degrés*, soit par l'institution des « élèves de la patrie », soit par l'organisation des écoles du dimanche, s'ouvrait largement aux classes populaires. Mais son zèle démocratique ne s'est point laissé égarer par de troubles et dangereuses visions égalitaires. Au rebours de ces faux démocrates qui, sous la Révolution, proscrivaient les hautes études, sous le prétexte qu'elles étaient inutiles au peuple; au rebours aussi de ceux qui, de nos jours, se flattent de servir la cause du peuple en abaissant au niveau de son ignorance les études auxquelles il ne peut, par la faute de l'état social, se hausser encore, Condorcet a assez aimé le peuple pour croire qu'une instruction complète, vraiment libérale et éducative, était seule digne de lui. Plein de cette pensée, il a fortement maintenu la nécessité de l'enseignement secondaire et de l'enseignement supérieur. Non pas seulement parce qu'ils sont en dernière analyse utiles à ceux mêmes qui n'en profitent pas directement. Mais surtout parce qu'il était fermement convaincu qu'un jour viendrait où l'état social permettrait au peuple tout entier de participer à la véritable culture. Il a voulu travailler pour l'avenir aussi bien que pour le présent. Son plan d'instruction publique répond à un état social; mais, tout en s'y adaptant, il prétend l'améliorer. Il n'est, il ne veut être que provisoire. C'est justement pour cela que, loin de sacrifier tout aux passions et aux intérêts du moment, il envisage les intérêts lointains de la démocratie, et organise fortement, pour le jour où le peuple en pourra profiter, les degrés supérieurs de l'instruction.

Si Condorcet a ainsi escompté l'heure où la nation entière pourrait jouir des bienfaits d'une culture plus complète, c'est qu'il avait une foi profonde en la puissance de l'éducation. Il croyait qu'elle seule, ou du moins elle surtout, est capable d'assurer la marche pacifique de la société vers la liberté et l'égalité. Sans doute, il le reconnaît, de bonnes lois sont nécessaires. Mais les lois ne font que rendre possibles les conquêtes que l'éducation seule a le pouvoir d'accomplir. C'est d'elle qu'il faut attendre ce progrès intérieur, cet affranchissement des volontés et des consciences, cet amour désintéressé de l'égalité, ce respect conscient et réfléchi de la justice, qui sont les véritables artisans du progrès des mœurs et du perfectionnement des institutions sociales. Montesquieu avait montré que c'est dans le gouvernement démocratique qu'il est besoin de toute la puissance de l'éducation. Condorcet n'a fait que développer cette vue si profonde et si juste. Pour lui, démocratie et éducation se supposent et s'appellent. Il ne concevait pas que la démocratie pût être autre chose que le règne souverain sur les esprits de la science et de la raison; et, réciproquement, il ne concevait pas qu'une éducation rationnelle largement répandue pût produire d'autre fruit que l'amour de l'égalité, de la justice et de la liberté, c'est-à-dire les vertus démocratiques par excellence. Notre démocratie connaît peu et n'admire pas assez Condorcet. Elle ne serait cependant que juste en honorant un des hommes qui l'ont le plus aimée et le mieux servie.

FIN

BIBLIOGRAPHIE

Œuvres de Condorcet, édition Arago, 12 vol. in-8; Paris, 1847-49. (Le tome VII renferme les *Mémoires*, le *Rapport* et le *Projet de décret*; le tome IX, l'*Esquisse d'un tableau historique des progrès de l'esprit humain*.)

Rapport sur l'Instruction publique, publié avec une introduction et un commentaire par Gabriel Compayré (Hachette, 1883).

Procès-verbaux des séances du Comité d'instruction publique de l'Assemblée législative, par Guillaume. (On trouvera dans ce volume un texte critique du *Rapport* et du *Projet de décret*.)

Papiers de Condorcet, à la Bibliothèque de l'Institut.

Notice sur la vie et les ouvrages de Condorcet, par Diannyère.

Notice historique sur la vie et les ouvrages de Condorcet, par Lacroix.

Les derniers jours de Condorcet, par Émile Anthoine (*Revue occidentale* du 1ᵉʳ mars 1890).

Condorcet, sa vie, son œuvre, par le docteur Robinet.

Correspondance inédite de Condorcet et de Turgot publiée par Charles Henry.

Histoire critique des doctrines de l'éducation en France (tome II), par Gabriel Compayré.

Les Idéologues, par François Picavet.

L'Enseignement supérieur en France, 1789-1889 (tome I), par Louis Liard.

La liberté d'enseignement (Histoire et doctrines), par Émile Bourgeois.

TABLE ET SOMMAIRE

6527-02. — CORBEIL. Imprimerie Éd. CRÉTÉ.